DEUX RÉPUBLIQUES

PAR

A. ÉDOUARD PORTALIS

PARIS

G. CHARPENTIER, ÉDITEUR

13, RUE DE GRENELLE-SAINT-GERMAIN, 13

—

1880

DEUX

RÉPUBLIQUES

PARIS

TYPOGRAPHIE GEORGES CHAMEROT

19, rue des Saints-Pères, 19

PROLOGUE

PROLOGUE

I

Le 1ᵉʳ mars 1873, l'Assemblée Nationale, présidée
par M. Jules Grévy, discutait le projet de la Commission des Trente, dont M. le duc de Broglie était
le rapporteur. Au milieu d'un superbe discours
contre le projet de la Commission, M. Léon Gambetta prononçait ces paroles mémorables reproduites
par le compte-rendu *in extenso* du *Journal officiel* :

Nous voulons la République avec ses libertés, — c'est-à-dire
ses droits primordiaux, — de presse, de réunion, d'association mises au-dessus des lois elles-mêmes. (*Exclamations en
face et à droite de l'orateur.*)

En quoi, Messieurs, une pareille déclaration pourrait-elle
vous alarmer ? Si la République existait, si elle était aux mains
des républicains, vous auriez tous un intérêt primordial à ce
que ces droits fussent placés au-dessus des atteintes du législateur, à ce qu'ils fussent placés dans une sphère inaccessible
aux entreprises des Assemblées et des pouvoirs exécutifs...
(*Mouvements divers.*)

Une voix, à droite. — Et des dictateurs !

M. Léon Gambetta.—Pour nous, dis-je, la République ne doit pas être un leurre...

Le vœu de M. Gambetta est réalisé à ce point de vue que la République existe. Elle est « aux mains des républicains ». De Président de l'Assemblée Nationale, M. Jules Grévy est devenu Président de la République. M. Gambetta est devenu Président de la Chambre des Députés. Il est le chef reconnu, écouté, de la majorité parlementaire. Mais, non-seulement il n'a pas voulu, ou il n'a pas pu jusqu'ici user de son influence pour obtenir que « les droits primordiaux de la République soient placés dans une sphère inaccessible aux entreprises des assemblées, des pouvoirs exécutifs... et des dictateurs », mais il laisse les ministres, qui sont ses amis et ses disciples, venir successivement à la tribune combattre avec plus ou moins de véhémence la liberté d'association, la liberté de réunion, la liberté de la presse, et un jour il a permis à son journal, la *République française,* de répondre à des journaux réclamant la Liberté : « On nous parle de Liberté, il y a longtemps que nous connaissons cette guitare (1)... »

Cette attitude de M. Léon Gambetta cause, il

____

(1) La *République française* du 10 janvier 1880, 1re page, 4e colonne.

faut bien l'avouer, aux hommes désintéressés de tous les partis une vive déception. On attendait mieux de lui et de ses amis. Dès le début de cette année 1880, le *Temps,* le plus conservateur, le plus prudent et le plus modéré des journaux républicains, malgré son admiration et sa sympathie pour M. Gambetta, ne pouvait dissimuler son désenchantement. Il s'écriait douloureusement :

Hélas! oui, pour beaucoup de Français encore la liberté est une guitare. Pour beaucoup de Français le droit individuel, l'initiative privée, le libre effort, sont des choses condamnables. Il nous faut en tout et pour tout, même pour l'exercice de la charité, la tutelle de l'État. Il nous faut des lisières officielles. Le sentiment de la liberté vraie, s'appliquant à tous les modes d'activité humaine, ne saurait entrer dans nos âmes. Même pour les républicains, la liberté n'est pas « la forte femme aux puissantes mamelles » qu'entrevoyait le poète, c'est simplement *une guitare.* Franchement, cela n'est pas à notre honneur, et nous comprenons, à de tels spectacles, le sourire de dédain avec lequel nous regardent parfois les peuples qui voient dans la liberté la condition même du progrès humain (1).

Le journal de l'honorable M. Clémenceau, député de Montmartre, exprimait le même désappointement que le *Temps,* journal de l'honorable M. Hébrard, sénateur de la Haute-Garonne. M. Camille Pelletan

(1) Le *Temps*, du 10 janvier 1880.

écrivait éloquemment dans la *Justice* du 27 janvier 1880 :

> C'est à s'y tromper, nous sommes reportés à quarante-
> cinq ans en arrière. Nous avons même un « Président-citoyen ».
> Le spectacle est identique à celui qu'on eut alors. Des hommes de
> liberté, arrivés au gouvernement, pris soudain d'une répulsion
> effarée pour tout le programme qu'ils avaient arboré, n'ayant
> qu'une idée, enrayer, autant qu'ils le pourront, le mouvement
> qui les a portés au pouvoir ; la contagion de la timidité et de
> la réaction gagnant peu à peu tous les libéraux de la veille,
> le lent travail qui fait, avec le parti du progrès, le parti de la
> résistance aveugle, s'opérant graduellement, prenant les
> Chambres, homme par homme, faisant de la minorité qui
> renversa la Restauration en 1830, la majorité que le Peuple
> chasse en 1848.

Et dans la *Justice* du 3 février :

> Il y a un an, à pareille date, la joie, la confiance, éclataient
> partout... Aujourd'hui, on voit les ministres chanceler ou
> tomber les uns après les autres, le désarroi est dans l'opinion,
> l'impopularité commence. On fournit aux hommes du coup
> d'État l'occasion de se poser impudemment en défenseurs de
> la liberté...

Le *Mot d'Ordre* faisait chorus. M. Henry Maret
disait avec cet humour plein de bon sens et de mé-
lancolie qui est le charme de son talent :

> Il se passe en petit à l'avènement de chaque ministère ce
> qui se passe en grand au lendemain de chaque révolution.
> On est joyeux, on espère ; beaucoup de promesses traversent

l'air, beaucoup de parfums, beaucoup de rayons; c'est la dé-
bâcle, c'est le printemps; on respire mieux, on attend le
soleil. Puis les jours passent, rien ne vient. C'est toujours le
brouillard, c'est toujours la brume, c'est toujours l'oubli (1).

Le plus célèbre, le plus étonnant des journalistes, le doyen de la presse française, le député républicain du IXe arrondissement de Paris, M. Émile
de Girardin, écrivait solennellement à ses électeurs :

C'est la tristesse au cœur et la honte au front que je fais ce
douloureux aveu. En France, on pourra changer de ministres,
on pourra en changer sans cesse, on pourra en changer sans
fin, rien ne changera sensiblement, tant que l'instrument ministériel, instrument vicieux, restera le même. Les aspirants
au pouvoir promettront des réformes, mais toutes, sous un
prétexte ou sous un autre, continueront de s'ajourner et de
s'accumuler. AUCUNE, JE DIS AUCUNE, NE S'ACCOMPLIRA!

Peu de jours après, M. Louis Blanc s'écriait à la
tribune :

Est-ce donc pour en venir là que la France a passé par tant
d'épreuves, fait tant de sacrifices, livré au despotisme tant et
de si terribles combats (2)?

Dans le camp opposé, un écrivain distingué,
M. J.-J. Weiss, prophétisait qu'en 1980 on verrait
une Chambre française discuter un projet de loi

____

(1) Le *Mot d'Ordre*, janvier 1880.
(2) *Journal officiel* du 27 janvier 1880.

sur la liberté de la presse, ou sur la liberté de
réunion, ou sur la liberté d'association, et un ministre combattre ce projet avec les mêmes arguments successivement invoqués depuis deux
cents ans par les ministres de la Monarchie, de
l'Empire ou de la République. Dans le *Gaulois*
du 26 février, revenant sur la même pensée, il
ajoutait :

Voilà l'histoire de notre pays en toute chose. Tout y
est toujours à recommencer. Si jamais un poète chante,
après Virgile, une nouvelle descente aux Enfers, il ne devra
plus dire à Sisyphe : « Tu lèveras ce rocher », ni à Ixion :
« Tu seras tourné sur cette roue », ni aux Danaïdes : « Vous
emplirez ce tonneau ». Il devra leur dire à tous : « Vous irez
faire de la politique en France. »

Que signifient ces plaintes qui, loin de se calmer,
deviennent, de mois en mois et de jour en jour, plus
vives, plus amères et plus unanimes ?

Est-ce que le régime actuel, si longtemps désiré,
ne serait comme les précédents qu'une halte entre
deux révolutions ? Est-ce que la République, présidée par M. Jules Grévy, ne serait pas une solution ? Est-ce qu'au lieu d'être une « forteresse »,
comme le voulait en 1871 l'orateur qui préside aujourd'hui la Chambre des députés, elle ne serait,
comme il le craignait, « qu'une tente, un hangar

ouvert à tous les vents (1) »? Est-ce que, sous le protectorat de M. Gambetta, la République serait un « leurre »?

La réponse à ces questions n'est malheureusement pas douteuse. On l'a vu par les citations qui précèdent. L'opinion s'est prononcée. En fait de liberté, de réformes et de stabilité, les hommes indépendants de la presse et des Chambres, si amis qu'ils soient du gouvernement, n'attendent plus rien de lui. — Faut-il donc nous résigner à reporter une fois de plus sur l'avenir nos exigences et nos espérances? Devons-nous demander aux partis d'opposition qui se décernent à eux-mêmes l'épithète de réformateurs et de révolutionnaires quels seront le gouvernement et les libertés de demain? Hélas! si nous interrogeons leurs programmes, nous ne partagerons plus seulement le désenchantement du *Temps,* de la *Justice* et du *Mot d'Ordre,* de M. Louis Blanc et de M. Clémenceau : nous verrons une à une s'envoler toutes nos illusions. Avec M. Émile de Girardin et M. J.-J. Weiss, nous serons tentés de douter du progrès et de la vérité. Nous nous demanderons si

(1) Discours prononcé par M. Léon Gambetta le 30 août 1871 sur la proposition de loi constitutionnelle de M. Rivet, pour l'organisation des pouvoirs publics.

la patrie française n'est pas condamnée à piétiner indéfiniment sur place avec les mêmes alternatives de despotisme césarien et d'agitation parlementaire, d'insurrections sanglantes et de honteuses léthargies ; si, au lieu d'avancer, nous ne reculons pas ; si nous vivons ou si nous mourons.

Le croirait-on ? — Toutes les professions de foi de tous les républicains à toutes les époques sont les mêmes. On les dirait copiées les unes sur les autres. Prenons, par exemple, la candidature la plus avancée qui se soit produite en 1879, celle qui a été le plus énergiquement combattue par les partis officiels, la candidature, dans l'arrondissement. d'Orange, de M. Alphonse Humbert, jugé depuis par les magistrats de la République tellement dangereux qu'ils se sont vus dans l'obligation de le condamner à six mois de prison pour délit de presse. Eh bien ! le programme des électeurs et la profession de foi de ce candidat de la Révolution radicale, de cet ancien forçat politique que la République n'a relâché un moment que pour l'emprisonner de nouveau, sont sensiblement en deçà des professions de foi signées par les membres actuels du gouvernement, quand ils étaient candidats.

M. Humbert demande « *la liberté de la presse,*

la liberté de réunion et la liberté d'association ».

M. Jules Ferry, aujourd'hui ministre de l'instruction publique, quand il était candidat républicain en 1869, demandait non-seulement ces trois libertés, il demandait aussi « *l'entière liberté d'enseignement* », dont M. Alphonse Humbert, candidat républicain révolutionnaire en 1879, ne veut pas ou n'ose pas parler.

M. Alphonse Humbert demande « *la suppression de l'inamovibilité de la magistrature* ».

M. Jules Ferry demandait « la *destruction de nos institutions judiciaires* ».

M. Alphonse Humbert veut « *une plus grande extension de nos libertés communales* ».

Le ministre actuel de l'instruction publique, en 1869, exigeait « *la destruction de la centralisation administrative* (1) ».

(1) Circulaire de M. Jules Ferry aux électeurs de la 6e circonscription de la Seine, mai 1869. Cette circulaire, dont tous les journaux de l'époque ont publié le texte, contenait entre autres ce passage :

« Pour fonder en France une libre démocratie il ne suffit pas de proclamer :

« *L'entière liberté de la presse;*

« *L'entière liberté de réunion;*

« *L'entière liberté d'association;*

« *L'entière liberté d'enseignement;*

« ... Il faut les faire vivre.

« La France n'aura pas la liberté tant qu'elle vivra dans les liens de la centralisation administrative; ... tant qu'il existera un clergé d'État, une église et des églises officielles; ... tant qu'elle ne possé-

En 1879 le candidat radical est un timide, un modéré, un prudent, comparé aux candidats radicaux de 1869. M. Alphonse Humbert n'ose pas aborder de front les questions les plus graves, les questions dont dépend l'avenir de la Démocratie. Sur la liberté d'enseignement, il se tait; sur l'organisation de l'armée, il ne dit qu'un mot : il demande banalement le *service obligatoire pour tous.* Quelle différence avec M. Hérold, avec M. Jules Ferry, avec M. Léon Gambetta, pour ne citer que ceux-là, qui en 1869 demandaient nettement, — malgré l'unité allemande, malgré Sadowa, — la destruction des armées permanentes! Dans le contrat proposé à la même époque par les électeurs de la première circonscription de la Seine à M. Gambetta, on remarquait entre autres stipulations oubliées sans doute par le Président de la Chambre, mais négligées par M. Alphonse Humbert, « *la nomination de tous les fonctionnaires par l'élection,* » et la profession de foi par laquelle M. Léon Gambetta adhérait à ce contrat se terminait par cette

dera pas une justice sérieusement indépendante du pouvoir; ... tant qu'elle s'obstinera dans le système des armées permanentes...

« Ce sont les *destructions nécessaires.* »

Et le 10 juin, au jardin Bixio, M. Jules Ferry apprenant son élection s'écriait : « Vous venez de me confier un drapeau, il ne s'abaissera jamais dans mes mains; je le jure ici devant le Peuple souverain. »

prestation de serment : « *Je jure obéissance au présent contrat, et fidélité au Peuple souverain* (1)! »

(1) Voici, mis en regard, les principaux articles du mandat de M. Humbert en 1879 et du mandat de M. Léon Gambetta en 1869 :

1879.	1869.
CANDIDATURE DE M. ALPHONSE HUMBERT.	CANDIDATURE DE M. LÉON GAMBETTA.
Programme du Comité central radical socialiste des cantons de Baune, de Venise, Bolène, Malaucéne, Orange, Vaison et Valréas :	Programme du Comité radical de la 1re circonscription de la Seine :
Séparation de l'Église et de l'État.	Suppression du budget des cultes et séparation de l'Église et de l'État.
La liberté absolue de réunion.	La liberté de réunion sans entrave et sans piège.
La liberté absolue d'association.	La liberté d'association pleine et entière.
La liberté absolue de la presse.	La liberté de la presse dans toute sa plénitude débarrassée du timbre et du *cautionnement*.
La suppression des emplois inutiles et des gros traitements.	La suppression des gros traitements et des cumuls.
La plus grande extension de nos libertés communales.	L'application la plus radicale du suffrage universel pour l'élection des maires.
L'impôt sur le revenu.	La modification de notre système d'impôt.
Le service militaire obligatoire pour tous et réduit à trois ans.	La suppression des armées permanentes, cause de ruines pour les finances et les affaires de la nation, source de haine entre les peuples et de défiance à l'intérieur.
Adhésion de M. Alphonse Humbert :	Adhésion de M. Léon Gambetta :
« Votre programme est le mien. Je le signe, je jure de lui être fidèle.	« Je fais plus que consentir; voici mon serment : Je jure obéissance au présent contrat et fidélité au Peuple souverain. »
« ALPHONSE HUMBERT. »	« LÉON GAMBETTA. »

M. Léon Gambetta, se disant *candidat radical,* ayant été élu à

II

Si je reprends la plume aujourd'hui, après six années de silence, ce n'est pas pour soutenir que l'honorable M. Alphonse Humbert, ayant promis moins de réformes èt de libertés que les membres actuels du gouvernement, devrait logiquement, s'il arrivait au pouvoir, se montrer moins libéral et moins réformateur que M. Jules Ferry. Ce n'est ni pour reprocher au ministre de l'instruction publique de faire précisément le contraire de ce que le candidat de 1869 avait promis, ni pour rappeler ses serments à M. Gambetta. Non. Cette besogne n'est peut-être pas inutile ; d'autres pourront la faire, et la feront mieux. Quant à moi, je ne redescends pas dans l'arène avec l'intention d'attaquer les personnes.

Marseille et à Paris, opta pour Marseille. Il fut remplacé par M. Henri Rochefort, se disant *candidat révolutionnaire socialiste.* La profession de foi de M. Henri Rochefort contenait le même programme « précédemment accepté par M. Gambetta, » dont elle reproduisait exactement les termes.

N. B. Nous n'avons pas mentionné l'amnistie dans le programme de M. Alphonse Humbert, non que nous méconnaissions la valeur et la nécessité d'une pareille revendication, mais la question, n'étant pas née, ne pouvait pas préoccuper les candidats de 1869.

Ce n'est pas non plus, je dois le dire, par désœuvre-
ment, encore moins par intérêt personnel. J'ai
appris à mes dépens ce qu'il en coûte de défendre les
droits de la science, de la justice et de la vérité.
Sous l'Empire, j'ai publié un livre (1) et deux journaux (2) impunément. Dans l'*Électeur libre* quotidien, j'ai pu, avec M. Ernest Picard, demander l'armement de la garde nationale, le renversement de
l'Empire, et, le premier, crier : Vive la République.
Mais la République, que j'avais appelée de tous mes
vœux et de toutes mes forces, s'est montrée moins
clémente. Elle m'a mis deux fois en prison, sans

(1) *Le Self government et le Césarisme*. Paris, 1869. Armand Le
Chevalier, éditeur. — A propos de ce petit livre, M. Édouard Laferrière a publié dans le *Rappel* du dimanche 25 juillet 1869 un article infiniment trop flatteur qui se terminait par ces lignes :

« Le livre de M. Édouard Portalis est bien ordonné et lestement
« écrit. L'auteur ne professe pas avec un ton dogmatique. Il décrit
« et raconte ce qu'il a vu avec clarté et avec humour. Comme con-
« clusion, il ne peut s'empêcher de secouer et de gourmander la
« France qui languit et s'attarde pendant qu'on marche si vite là-bas.

« Il la prend à partie et l'apostrophe vivement, durement, mais
« trop justement, hélas !

« Sache, lui dit-il, qu'un grand peuple se lève, qui nous juge et
« se moque de nous... Si tu as encore assez de force et de cou-
« rage pour secouer tes liens, imite les Américains. Cesse de pro-
« stituer les mots de devoir et de vertu, en les appliquant au vice
« d'obéissance... Lève-toi ! »

« On aime à lire ces lignes, surtout quand elles sont signées
« Portalis. » (*Édouard Laferrière*.)

(2) Le *Courrier des Deux-Mondes* et l'*Électeur libre* quotidien
dont j'étais le rédacteur en chef, avec M. Ernest Picard, comme
directeur politique.

compter les condamnations des gérants de mes journaux. Elle m'a fait payer trente mille francs d'amendes. Si après la Commune je n'ai pas été fusillé sommairement, je le dois au dévouement de mes amis (1). Les soldats de l'armée de Versailles ont arrêté dix-sept de mes employés ou rédacteurs, tous innocents, tous acquittés, après huit mois de casemates ou de pontons. — Quelques-uns n'en sont pas encore remis ! — M. Thiers et M. le duc de Broglie, suivant à mon égard la même politique, m'ont enlevé de vive force une partie de mon héritage ; ils ont attenté six fois à ma propriété ; ils m'ont supprimé six journaux : la *Vérité*, parce que je discutais les prétentions constitutionnelles de l'Assemblée nationale ; la *Constitution*, pour un article d'Émile Zola ; le *Corsaire*, une première fois, pour « avoir attaqué les droits et l'autorité de l'Assemblée nationale (2) », une

(1) Malgré mes efforts pour empêcher la démolition de l'hôtel Thiers, et l'attitude courageusement indépendante de mon journal *la Vérité*, le *Journal Officiel* de Versailles avait, dans son numéro du 5 avril 1871, publié cette prodigieuse dénonciation :

« La France indignée a jugé les rédacteurs de là *Vérité*. Encore « quelques jours, elle leur infligera la peine qu'ils méritent. »

(2) Arrêté du général de Ladmirault du 22 décembre 1872.

Le journal la *République française*, dans son numéro du 25 décembre 1872, dit à propos de cette suppression :

« Pendant la dernière séance de l'Assemblée de Versailles, on a vu les membres de la droite assiéger, un numéro à la main, le banc où sont assis le ministre de l'intérieur et le ministre de la

seconde fois, pour « la violence de sa polémique et pour ses doctrines anti-sociales » (1); l'*Avenir national,* pour un article intitulé : *A bas Chambord,* comme si Chambord eût été roi ; les autres journaux, simple-

justice. « *Nous demandons un exemple,* » répétaient sur tous les tons ces députés de combat. « *Nous exigeons de M. Thiers un gage de conciliation.* » Crainte que cet effort parlementaire ne suffît pas, la presse réactionnaire et dénonciatrice s'est mise à l'œuvre. Le *Constitutionnel,* donnant le branle, a déclaré que c'était affaire faite, et que le ministre de l'intérieur s'était engagé à sévir. Après le *Constitutionnel,* toute la meute bonapartiste s'est lancée à pleine voix sur la piste. Elle s'est vautrée dans la délation et elle s'en glorifie; elle revendique sa part dans la suppression du *Corsaire.*

« Les journaux bonapartistes ont raison de se vanter, puisque le Gouvernement a l'incroyable faiblesse d'obéir à leurs réquisitions. Voilà où nous en sommes arrivés : le Gouvernement tolère, impassible, les attaques furieuses des feuilles bonapartistes et royalistes qui nient chaque jour le principe du Gouvernement, qui se livrent à un débordement de diffamations et de calomnies, qui provoquent incessamment à la guerre civile, et il frappe un journal républicain coupable d'avoir inséré un article trop coloré de style! Nous trouvons fort bon que l'administration laisse les bonapartistes en plein état de siège dégorger leur bile et leurs injures et ne leur réponde que par une indifférence dédaigneuse. Nous demandons seulement qu'on ne se venge pas sur les républicains des injures de la presse impérialiste. »

(1) La suppression du *Corsaire* fut un des premiers actes du gouvernement du 24 mai. Voici le passage principal de l'arrêté du gouverneur de Paris :

« Considérant que le journal le *Corsaire,* par la violence de sa polémique et les doctrines anti-sociales qu'il professe, est une menace incessante contre la paix publique, et ne saurait être toléré plus longtemps sans danger pour le pays, vu l'avis du conseil des ministres, etc. »

Cet arrêté est signé : Général LADMIRAULT et contre-signé : LÉON RENAULT.

2.

ment parce que j'étais leur directeur (1). Quand mon dernier journal fut définitivement supprimé, on voulut effacer même le souvenir du trouble que j'avais momentanément apporté dans le jeu ordinaire de la politique. On alla jusqu'à mettre en doute la sincérité des efforts et des sacrifices que j'avais faits pour la République. — Un jour, en 1873, les impérialistes et les républicains s'unissaient dans le Parlement contre le parti royaliste devenu l'ennemi commun par ses audacieuses tentatives de restauration : l'*Avenir national* proposa de réaliser dans le pays, et au besoin, dans la rue, pour le temps que durerait le combat, l'alliance déjà consommée dans l'Assemblée. Il publia un appel aux bonapartistes et, en réponse à cet appel, une lettre d'un prince célèbre par la variété de ses aptitudes et par l'inégalité de sa destinée (2).

(1) Les deux derniers journaux que j'ai publiés à Paris sont : *la Ville de Paris*, supprimé le 27 octobre 1873, sans motifs, après un seul numéro, et le *Nouvelliste,* que j'avais acheté à M. Xavier Eyma. Il n'eut également qu'un numéro, paru le 11 juillet 1874. I fut supprimé le même jour.

(2) L'article de l'*Avenir national* était dû à la plume d'un rédacteur d'un talent remarquable qui signait : P. S.

« Une ligue s'est formée, disait l'article, réunissant une partie de cette classe qui se nomme elle-même dirigeante... Elle a la volonté et l'espoir d'accomplir une révolution dont la conséquence et le but ne seraient pas de réaliser certaines réformes, certains progrès dans la constitution politique et sociale de la France, mais bien une ré-

Jouet d'une étrange fatalité, ce Napoléon a été
consacré, depuis, républicain orthodoxe. Il a été

volution qui a pour programme et devrait avoir pour effet de restaurer, au profit d'une sorte de nouvelle féodalité nobiliaire, parlementaire et réactionnaire, la royauté de droit divin, réalisant dans
le domaine politique les doctrines de l'Église romaine. — Ce n'est
pas seulement contre. une forme gouvernementale, contre certains
hommes politiques, contre une fraction de l'opinion publique ou l'un
des partis qui ont pris leur origine dans le mouvement national de
1789, que la lutte est engagée. C'est contre une Nation entière. C'est
contre la Révolution elle-même. A cette ligue formée pour combattre et pour anéantir non-seulement les constitutions de la Révolution française, mais jusqu'à son idée exprimée par la Déclaration
des Droits de l'Homme et du Citoyen, il est nécessaire d'opposer une
ligue nouvelle, autrement nombreuse et puissante, formée de tous
les partis qui ont pris leur origine dans la Révolution, qui [en ont
accepté les principes et qui prétendent, par des moyens différents,
réaliser les espérances du Peuple, de la Démocratie française. »

   En réponse à cet article, celui qui devait être successivement
le candidat républicain de M. Gambetta et l'empereur de M. Paul
de Cassagnac avait adressé à l'*Avenir national* une lettre publiée
dans le même numéro et dans laquelle il s'exprimait ainsi :

   « Le devoir de tout citoyen, à l'heure grave où nous sommes, est
de ne pas sortir de la cité en péril, comme les neutres de l'antiquité. Non, je ne suis pas neutre, et je ne déserterai pas la lutte.

   « Je ne puis parler qu'en mon nom ; mais comment croire que
ceux dont les cœurs vibrent au nom de Napoléon me désap-
prouvent ?

   « Soutenons notre drapeau en face des menaces du drapeau blanc
étranger à notre France moderne, et que le prétendant ne saurait
abandonner que par un compromis et un sacrifice fait aux habiles
de son parti. Que vaudrait d'ailleurs cette concession de la dernière
heure ? Le règne des Bourbons ne saurait être que le triomphe d'une
politique réactionnaire, cléricale et anti-populaire. Le drapeau de
la Révolution abrite seul, depuis près d'un siècle, le génie, la
gloire et les douleurs de la France ; c'est lui qui doit nous guider
vers un avenir vraiment démocratique.

   « Entre nous, les défenseurs de la souveraineté du Peuple, beau-

inscrit sur le livre d'or des candidatures officielles
dè la *République française* (2). Le front haut, au
premier rang de la phalange républicaine, on a vu
ce Bonaparte marcher contre les bonapartistes du
16 mai. Il était un 363. Il est tombé sur le champ
de bataille électoral de la Corse, battu par le candidat de l'Empire et du duc de Broglie, le drapeau de
la République opportuniste à la main. Puis, par
un de ces revirements soudains auxquels la fortune terrible se plaît à exposer la constance des
princes et les convictions des républicains, l'ancien
député républicain d'Ajaccio, le champion malheureux de la République, le protégé de M. Gambetta,
se trouva tout à coup proclamé empereur en personne — et en expectative. Effectivement, il devint
le chef du parti qui, après l'avoir toujours vilipendé,

coup diffèrent sur les moyens de l'appliquer. Mais une entente
commune à l'heure actuelle, sur le principe même de cette souveraineté, est nécessaire et patriotique. Nous tous, citoyens de la société moderne, nous devons chercher à établir, par le suffrage universel, la vraie liberté, basée sur les réformes qui sont la condition
du salut de la France.

« Oui, il faut oublier les dissentiments, les attaques, les luttes,
les souffrances réciproques, les insultes même, pour affirmer le
principe de la souveraineté nationale en dehors duquel il n'y a que
dangers, discordes et nouveaux désastres. Soyons unis pour déjouer des tentatives funestes, et formons ainsi la Sainte-Alliance
des patriotes. »

« *Signé :* NAPOLÉON (Jérôme). »

(2) Voir la *République française* des 6, 7 et 8 octobre 1877.

venait de le combattre et de le battre. Les vainqueurs
s'humiliaient devant le vaincu. Il avait hérité de
l'aigle et de la légende, des traditions et des prétentions impériales.

Il est douteux que, comme candidat à l'Empire, sa
lettre à l'*Avenir national* et son alliance avec la *République française* soient jamais d'aucune utilité au
prince Napoléon. Ce ne sont pas ces titres-là qu'il
peut invoquer pour se faire bien venir de la clientèle
bonapartiste, ni pour ramener à lui les bonapartistes
dissidents. Cela n'a pas empêché la mauvaise foi de
dire que la démocratie césarienne comptait en moi
un partisan de plus, et, naturellement, il s'est trouvé
des imbéciles pour le croire. On est si près d'être
suspect à un parti quand on ne lui demande rien,
si ce n'est un peu de pudeur patriotique et de fidélité
à ses engagements! Les républicains arrivants ou arrivés, amenés, comme le prince Napoléon, en chan-
geant de situation à changer d'opinion, prétendirent
et peut-être s'imaginèrent que j'avais abandonné les
principes de toute ma vie. C'est ainsi que le voya-
geur emporté dans une course rapide voit les objets
immobiles s'agiter et s'enfuir, quand lui seul est en
mouvement. Mes derniers journaux avaient été supprimés pour l'irrésistible vigueur de leur propagande
républicaine qui menaçait d'entraîner l'opinion au-

delà des limites fertiles en prébendes, d'abréger par suite la durée du festin, de troubler l'ordre et la marche de la cérémonie. On s'acharna sur mes dépouillés. On me dénia le mérite, si c'en est un, d'avoir été républicain avant certains défenseurs actuels de la République. Je ne m'en plains pas. Je n'avais pas eu, comme d'autres républicains, l'adresse de braver le gouvernement sans l'offenser. Je n'avais pas su me ménager des alliances dans le camp réactionnaire, et jusqu'à la préfecture de police. J'avais joué loyalement avec des partenaires dont les cartes étaient biseautées et qui voulaient être seuls à empocher l'enjeu. J'avais perdu la partie. Je devais m'attendre et je m'attendais à ce déchaînement. La presse opportuniste ne me sut même pas gré de lui avoir servi de paratonnerre.

Depuis la levée de l'état de siège, volontairement, par esprit de discipline et dans l'intérêt de mon parti, j'ai renoncé à la manifestation de mes convictions les plus ardentes et les plus chères. J'ai silencieusement et consciencieusement combattu dans le rang, sous le commandement des chefs, que les nécessités de la lutte avaient imposés, comme le plus humble et le plus fidèle soldat de l'armée républicaine. Aujourd'hui que la République a triomphé de ses adversaires, et qu'elle a officiellement M. Gam-

betta pour protecteur, je ne lui demande personnellement qu'une chose : c'est de se montrer moins
injuste et moins brutale que sous le principat de
M. Thiers ou le ministère de M. le duc de Broglie.
Jamais écrivain ne fut d'ailleurs aussi désintéressé
que moi dans la politique; personne ne réunit des
conditions d'impartialité plus absolue. Je ne me
connais pas de préjugés. Je suis sans passion contre
les hommes. J'aime mes amis, mes ennemis me
sont indifférents. Ils ne diront jamais plus de mal de
moi qu'ils n'en ont dit; ils ne me supprimeront jamais autant de journaux. L'état de siège n'existe
plus. Voudrait-on le rétablir, on n'inventerait pas
d'autres supplices que ceux que j'ai éprouvés ou vus
de près : l'amende, la prison et la fusillade. Je ne
crains aucune représaille. Je n'attends nulle récom-
pense. Le gouvernement voudrait me nommer ministre, ambassadeur, receveur général, gouverneur
de la Banque, ou simplement, comme mon ancien
collaborateur, Charles Quentin, — qui avait juré de
ne jamais rien solliciter ni accepter d'aucun gouvernement, même républicain, — directeur de l'Assistance publique (1), que je n'accepterais pas. Si j'a-
vais voulu être fonctionnaire, je n'aurais pas attendu

____

(1) J'ai déjà raconté cette histoire lorsque j'ai déposé dans le procès du *Prolétaire* contre M. Barberet. Tous les journaux l'ont repro=

jusqu'alors : tout me permettait de l'être sous l'Empire, et, si j'avais été fonctionnaire avant le Quatre-

duite ; mais elle vaut la peine d'être encore une fois rapportée.

En 1872, la publication du *Corsaire* ayant été interdite sur la demande des députés de la droite, j'allai trouver M. Thiers et je lui demandai l'autorisation de reparaître. Avant de me donner une réponse définitive, M. Thiers me dit qu'il mettait pour condition expresse à la réapparition du journal.qu'il lui serait avant tout adressé une demande écrite, signée de tous les membres de la rédaction. En conséquence, je rédigeai une pétition ; je réunis la rédaction du *Corsaire*, et, après lui avoir fait connaître le résultat de ma démarche auprès du Président de la République, je donnai lecture de mon projet. Lorsque j'eus achevé, je demandai à mes collaborateurs de le signer. A ce moment, l'un d'eux se leva et fit cette déclaration : « J'ai toujours été républicain, je le serai toujours. J'estime qu'un républicain ne doit jamais rien demander à aucun gouvernement, même républicain. Je n'ai jamais rien demandé au gouvernement et jamais je ne lui demanderai rien, pas même la réapparition du journal dans lequel je défends mes idées. » Je dis alors à ce rédacteur que si la levée de l'état de siège et l'établissement de la Liberté pouvaient dépendre d'une démarche faite par lui auprès du gouvernement, j'aimais à croire qu'il ferait cette démarche. Il répondit que, même dans ce cas, il ne solliciterait rien et n'accepterait rien d'aucun gouvernement, et il persista dans son refus d'apposer sa signature au bas de la pétition.

Ce rédacteur s'appelait M. Charles Quentin.

Un autre s'associa bruyamment à cette protestation. C'était M. Barberet.

Tous mes autres collaborateurs signèrent, parmi eux M. Henry Maret, M. Cantagrel, M. Gabriel Guillemot, M. Tony Révillon ; — leur républicanisme, pour être moins farouche que celui de M. Charles Quentin, n'en est pas moins incontestable. — La pétition fut remise le soir même à M. Thiers, à l'Élysée, par M. Cantagrel, qui voulut bien s'en charger. Bientôt le journal fut autorisé à reparaître et M. Charles Quentin y reprit sa collaboration quotidienne.

Mais ce qu'il y a de piquant, c'est que de tous les anciens rédac-

Septembre, j'aurais des chances pour l'être encore aujourd'hui.

Je ne brigue aucune fonction électorale. J'ai eu deux journaux à la fois : l'un le matin, l'autre le soir. Ils tiraient à un nombre considérable d'exemplaires. Leur influence était telle que l'un d'eux parvint en quelques jours à réunir, dans un milieu qui n'est pas riche, les fonds nécessaires à l'envoi d'une délégation de cent ouvriers à l'Exposition universelle de Vienne en 1873 (1), malgré les obstacles de tout genre créés par le gouvernement, et nommément par M. Léon Renault, préfet de police du 24 mai, comme il l'avait été de M. Thiers. Ai-je jamais cherché à me faire nommer député, conseiller général, ou conseiller municipal? Non. Mes prétentions sont à la fois plus modestes et plus élevées. Les publicistes les plus éminents constatent tristement que nous consumons en vains efforts notre courage et notre énergie. Les programmes des partis d'opposition ne contiennent aucune indication qui

teurs du *Corsaire,* — et ils étaient fort nombreux, — deux seulement aient sollicité et obtenu un emploi du gouvernement : M. Charles Quentin, aujourd'hui directeur de l'Assistance publique, et M. J. Barberet, chef du bureau des Sociétés professionnelles au ministère de l'Intérieur.

(1) Voir les rapports de la Délégation ouvrière française à l'Exposition universelle de Vienne en 1873, et notamment le rapport d'ensemble. Librairie Vᶜ A. Morel.

3

permette de compter sur les députés ni sur les ministres de l'avenir pour accomplir les réformes nécessaires, attendues et promises. Je voudrais, par un
effort d'intelligence et de patriotisme, dans la mesure
de mes forces et de mes ressources, aider mon pays
à sortir de cette impasse. Je n'ai pas d'autre ambition.

III

Dans toutes les branches des connaissances humaines, la science tend aujourd'hui à remplacer
l'art, c'est-à-dire la pure habileté, la fantaisie,
l'empirisme et le romantisme. Entraînées par le
courant, la peinture, la sculpture et la littérature
se disent et se font naturalistes. Un roman ne se
contente plus d'être une ingénieuse et agréable fiction. Il prétend qu'on le considère comme un document pour servir à l'étude de la physiologie. En politique, c'est le contraire qui a lieu. Partout accueilli
avec faveur, même où on s'y attendait le moins, le
naturalisme est banni de la politique. Ici l'art tend
de plus en plus à exclure la science. Il la calomnie,
il la poursuit de ses quolibets et de ses anathèmes. La

nouvelle école républicaine nie les principes, la réalité et l'observation des faits ; elle repousse de parti pris les enseignements de l'expérience et de l'histoire. Pour elle, toutes les institutions, toutes les lois se valent. Inutile de les étudier. Il s'agit uniquement de savoir la manière de s'en servir. Un jour, en 1872, chez M. Gambetta, la conversation vint à tomber sur l'expulsion du prince Napoléon, que M. Thiers avait fait arrêter chez M. Maurice Richard, au château de Millemont, et qu'il avait fait reconduire à la frontière. M. Gambetta critiquait vivement la manière dont avait agi M. Thiers. Je lui demandai : « A sa place, qu'auriez-vous fait? » — « A sa place, répondit M. Gambetta, j'aurais fait déguiser une centaine d'agents de police en paysans, je les aurais envoyés à Millemont avec ordre de faire beaucoup de bruit, de jeter des pierres dans les fenêtres du château, et de vociférer contre le prince... Alors, moi, gouvernement, je serais intervenu, j'aurais constaté l'indignation causée chez les populations rurales par la seule présence d'un Bonaparte, et j'aurais arrêté le prince Napoléon autant pour rétablir l'ordre que pour protéger sa personne contre la juste colère du Peuple. Tout le monde eût applaudi. »

En parlant ainsi, que proposait M. Gambetta,

sinon de substituer l'habileté, l'art, à la justice et à la loi?

. Une autre fois, — c'était à peu près vers la même époque, —on parlait de la question cléricale : « Pour la résoudre, dit M. Gambetta, il ne faudra pas faire la séparation de l'Église et de l'État, comme je m'y étais engagé dans le programme de Belleville; il faudra révolutionner le clergé : le moyen certain d'y parvenir, c'est d'augmenter les desservants et de diminuer les évêques. »

Depuis qu'il est au pouvoir, M. Gambetta poursuit l'application de son système, si on peut donner le nom de système à des procédés qui ne relèvent que de la souplesse, de l'habileté, de l'art. Il remplace la séparation de l'Église et de l'État par l'augmentation des desservants et la diminution des évêques. Toutes les questions sont traitées de la même manière. Tous les engagements pris envers la Démocratie sont payés avec cette fausse monnaie. Quand les députés de l'Extrême Gauche, appuyés par les populations des villes et par une partie des populations des campagnes, demandaient l'amnistie, que disait M. Gambetta? Il ne disait pas : Les insurgés de la Commune sont coupables ou ils sont innocents. Il ne décidait pas s'il fallait poursuivre l'œuvre de la vengeance, ou s'il convenait d'inaugurer l'ère de l'apaisement et de l'oubli. Il ne répondait ni oui, ni non. Il amnistiait M. Ranc. Il proscrivait M. Henri Rochefort. Il ne faisait ni œuvre de raison, ni œuvre de justice : il faisait de l'art. L'opportunisme tient lieu de science, de logique, de droit, de liberté. Il explique tout, pourvoit à tout, permet tout, justifie tout.

Nous la connaissons, cette politique. Elle n'est pas de l'invention de M. Gambetta. Sans remonter plus loin, nous l'avons vue à l'œuvre sous l'Empire. Napoléon III aussi se moquait des principes. Il eût volontiers traité de « *vieilles guitares* » la liberté, la justice, la science et l'expérience. A l'intérieur, en dépit de l'histoire et de la plus élémentaire logique, il essaye de concilier le principe du despotisme césarien et de l'hérédité dynastique avec la souveraineté nationale et l'élection populaire, c'est-à-dire qu'il entreprend d'édifier un ordre politique et social sur deux principes qui s'excluent l'un par l'autre, qui forment ce qu'on appelle en droit et en philosophie une antinomie. C'est de l'alchimie pure ! C'est la recherche de la pierre philosophale ! Xerxès faisant fouetter l'Hellespont était moins fou que les Bonaparte voulant établir un trône héréditaire sur le sable mouvant du suffrage universel !

3.

La politique extérieure de l'Empire était-elle plus raisonnée, plus scientifique ? Quelle explication donner de la guerre de Crimée, de la guerre d'Italie, de notre abstention en 1866, de nos soudaines ardeurs et de nos inconcevables inerties, de la guerre du Mexique, et, par-dessus tout, de la guerre de 1870 ? N'est-ce pas la fantaisie à son paroxysme ? l'art confinant à la folie ? Quand feu M. le duc de Gramont, avec sa prodigieuse naïveté et son imperturbable sourire, quand M. Émile Ollivier, avec son insolente faconde, déclaraient la guerre d'un cœur léger, que faisaient-ils, — sinon de l'art ?

Outre l'Alsace et la Lorraine, c'est 15 milliards en capital qu'il en coûte à la France ; c'est 632 millions de charges nouvelles qui pèsent sur la Nation, mais surtout sur les petites gens, sur les paysans et les ouvriers auxquels l'équité sociale a réservé jusqu'à ce jour la part la plus lourde de la conscription et de l'impôt.

Après les artistes impériaux sont venus les artistes républicains. Que de mots sonores, que de phrases, que de proclamations, que de discours, que de déclamations, que de blagues ! Quand on leur disait : « La situation ne comporte pas de plaisanteries, soyez donc sérieux et dites la vérité » ; ils vous mettaient en prison dans la cellule de l'assassin Tropmann et ils parlaient de vous fusiller (1). Ces artistes, nous les avons vus au Louvre, à la Préfecture de police et à l'Hôtel de Ville; nous les avons vus à Ferrières; ils nous ont conduits à Buzenval; et finalement cette lugubre fantaisie de la guerre de 1870 a eu pour épilogue

(1) Le 16 octobre 1870, le journal la *Vérité*, dont j'étais le rédacteur en chef, ayant publié un article non signé intitulé « la Vérité », le préfet de police, M. Edmond Adam, me fit mander dans l'après-midi du même jour. Là, il me déclara sans autre forme de procès qu'il jugeait à propos de m'arrêter, et il me fit enfermer séance tenante à la Conciergerie dans une cellule qu'on me dit être celle où Tropmann avait habité. Au bout de huit jours, après avoir parlé de me faire passer devant une cour martiale, le gouvernement de la Défense nationale se vit obligé de me remettre en liberté sur les réclamations unanimes de la presse et de l'opinion publique. Jamais la solidarité qui devrait unir tous les écrivains ne se manifesta d'une façon plus spontanée, plus éclatante et, disons-le, plus efficace. Dans une biographie calomnieuse qu'il a publiée sur mon compte et qui fourmille d'inexactitudes grossières, le *Dictionnaire universel* de Pierre Larousse prétend que j'ai été « relâché devant l'attitude violente des clubs et de la presse radicale ». C'est une erreur que je suis heureux de rectifier pour l'honneur de la presse. Les journaux qui protestèrent contre mon arrestation étaient: les *Débats*, la *Gazette de France*, le *Figaro*, le *Tribun du peuple*, la *Patrie en danger*, le *Combat*, le *National*, l'*Avant-Garde*, le *Gaulois*, l'*Opinion nationale*, le *Réveil*, la *Presse*, la *Liberté*, le *Temps*, le *Constitutionnel*, le *Soir*, le *Rappel*, le *Paris-Journal*, la *Cloche*, le *Peuple français*, c'est-à-dire tous les journaux sans exception qui paraissaient à Paris à cette époque. Plusieurs publièrent des numéros exceptionnels. Quant aux journalistes qui faisaient partie du gouvernement, MM. Ernest Picard, Henri Rochefort, Jules Ferry et Jules Simon, nous n'avons pas entendu dire qu'ils aient protesté; — tant il est vrai que les gouvernants ont rarement la même manière d'apprécier les évènements que les gouvernés.

la Commune et la mort de 30,000 citoyens immolés pour l'amour de l'art.

C'est la même politique, artistique et empirique, qui cherche aujourd'hui une alliance impossible entre l'autorité césarienne et la liberté républicaine. Sans se rendre un compte exact des motifs, tout le monde sent d'instinct qu'il serait moins chimérique de vouloir, comme on dit, marier l'eau avec le feu, le Grand Turc avec l'Adriatique, que l'Empire, dont on continue la tradition et dont on conserve les institutions, avec la République démocratique dont on proclame le principe et dont on arbore le drapeau. Personne n'est rassuré ni satisfait. D'un côté, les républicains radicaux, qui ont le plus énergiquement contribué à la fondation du régime sont mécontents ou exaspérés ; — il suffit, pour s'en convaincre, de jeter les yeux sur le *Rappel*, la *Justice*, le *Mot d'Ordre*, la *Lanterne*, le *Réveil social*, le *Citoyen* ; — de l'autre côté, l'immense majorité des catholiques est en guerre avec le gouvernement de la République, autant que le comportent leur caractère, leur tempérament et leurs anciennes habitudes d'obéissance à l'autorité civile, quelle qu'elle soit. Ceux qui sont le mieux disposés se désintéressent par lassitude, par aveuglement ou par dégoût, à moins qu'ils ne se résignent bruyam-

ment, comme M. Émile de Girardin, après avoir déclaré qu'ils n'espéraient plus rien de rien. On se
laisse aller à la dérive, ne votant pas ou votant sans
conviction, ne faisant de propagande que lorsqu'il
s'agit d'un camarade et se disant : Advienne que
pourra ! Un an après son triomphe, l'opportunisme
républicain n'excite déjà plus d'enthousiasme que
parmi les gens en place, leurs parents et leurs amis,
et même ceux-là, s'ils étaient francs, avoueraient
qu'ils ne sont pas sans inquiétude du lendemain.

Allons ! le moment est venu de réagir contre cet
envahissement de l'art qui nous énerve, nous
aveugle et nous endort. En politique, comme en
toutes choses, soyons de notre temps, soyons
positifs, soyons hommes, et puisqu'aussi bien le
mot est à la mode, disons-le bravement, soyons
naturalistes. Assez compter sur le hasard, sur la
veine, sur l'adresse. Demandons la fondation de
la République, la fin des révolutions, la sécurité
intérieure et la paix extérieure, demandons le salut
du pays à la sévère Raison, aidée de l'observation et
de l'expérience, à la Science qui nous attend et
qui, par avance, a changé la face du monde physique, industriel et économique. Renonçons à la
méthode à la fois trop commode et trop dangereuse
qui consiste à s'en prendre uniquement aux hommes

de l'inconvénient fatal d'un système. Sachons tenir
compte des faiblesses et des imperfections de la nature humaine. Quand une machine fonctionne mal,
on ne condamne pas d'abord le mécanicien ; on examine la machine ; on étudie ses défauts ; on la répare ;
on la perfectionne ou on la change. Faisons de même.
Cessons d'attribuer, les yeux fermés, nos révolutions, nos discordes civiles, l'absence de liberté et
l'arbitraire des majorités à la mauvaise foi ou à
l'incapacité des ministres et des chefs d'État. Le
plus souvent la faute des gouvernements est la
conséquence logique de l'erreur des institutions.
C'est en discutant les principes et non les hommes,
c'est en renversant les idées et non les ministères,
que les philosophes de la fin du siècle dernier, nos
précurseurs et nos maîtres, ont accompli l'œuvre
prodigieuse de transformation sociale que nous,
leurs arrière-neveux, nous avons le devoir de poursuivre et, s'il se peut, d'achever. Laissons les poètes,
les bavards, les déclamateurs, les amateurs poursuivre la chimère d'un gouvernement républicain
honnête, démocratique, équitable et libre, greffé sur
des institutions issues du parjure et du despotisme
césarien. Portons ailleurs nos efforts, nos investiga-
tions, nos études et nos espérances. Cherchons, sans
idées préconçues, exempts de haines et de préfé-

rences, méthodiquement et scientifiquement, un système de gouvernement, des institutions politiques et
sociales pouvant et devant rationnellement garantir la France contre tout risque de révolution, d'oppression et de catastrophe, quelle que puisse être
d'ailleurs l'ineptie ou la capacité des gouvernants,
leur honnêteté ou leur perversité.

IV

Commençons par dégager les principes, et posons
nettement la question.

Depuis le 20 août 1789, jour où l'Assemblée constituante adopta, sur la proposition de Mounier, le
troisième paragraphe de la Déclaration des Droits
de l'Homme et du Citoyen, ainsi conçu :

Le principe de toute souveraineté réside essentiellement
dans la Nation. Nul corps, nul individu ne peut exercer d'autorité qui n'en émane expressément (1)...

la souveraineté nationale est devenue la base unique et
essentielle, la source et le pivot de notre droit natio-

(1) Voir aussi le rapport, fait par Mounier, au nom du Comité de
Constitution, dans la séance du 9 juillet 1789.

nal, politique et social. L'esprit le plus extravagant
ne saurait concevoir aucun système, aucun gouvernement monarchique ou républicain prenant son
point d'appui ailleurs que dans la Nation reconnue
et proclamée souveraine par toutes nos constitutions sans exception. Supprimez la souveraineté nationale, que reste-t-il de notre société sceptique, plus
athée encore en politique qu'en religion ? — Il
n'existe plus ni ordre, ni loi, ni justice, ni droit, ni
devoir, ni famille, ni propriété. C'est la décomposi-
tion ; c'est l'anarchie. Au nom de qui et de quoi les
juges rendront-ils la justice? Dieu n'a pas conservé
parmi nous assez de crédit et de prestige pour que
ça puisse être en son nom. En vertu de quel droit
les gendarmes et les sergents de ville arrêteront-ils
les criminels, protégeront-ils l'ordre, la propriété,
le travail et la vie des citoyens? A quelle effigie
frappera-t-on les pièces de monnaie et les billets de
banque? Quelle sera la raison sociale de la société
française? Que deviendra la France, désemparée,
ayant perdu ce qui lui reste de boussole?

Heureusement que de pareilles hypothèses sont
inutiles à discuter. La souveraineté nationale est
pour la société française, comme elle sera bientôt
pour le monde entier, le Verbe nouveau que tous les
Français confessent, depuis le plus modeste élec-

teur jusqu'aux prétendants, et en dehors duquel il
n'existe point de salut. Républicains et impérialistes
n'attendent que du Peuple souverain la réalisation
de leur idéal ou la satisfaction de leur ambition.
Les légitimistes eux-mêmes sont engagés par la parole de leur chef. Dans une de ses proclamations,
datée du château de Chambord, Henri V a solennellement déclaré, en 1873, qu'il ne voulait remonter
sur le trône qu'avec le consentement de la Nation,
et qu'une fois couronné, il entendait gouverner
avec deux Chambres, dont l'une élue par le
suffrage universel. Le petit-fils du roi Louis XVI,
jugé et condamné au nom et pour le compte de la
souveraineté nationale, inclinant son droit divin et
héréditaire devant le droit populaire, sans prendre
garde qu'il légitime ainsi l'exécution de son aïeul et
que d'avance il justifie la sienne, — quel autre
témoignage plus éclatant pourrait être rêvé de la
nécessité et de la fatalité du principe de la souveraineté nationale ?

Si ces prémisses sont acceptées, les conclusions
sont faciles à tirer. Tous les systèmes qui seront en
contradiction avec le principe de la souveraineté
nationale ne seront que des expédients et aboutiront
à des catastrophes. Tels l'Empire et la Monarchie. Il
est évident que, si deux souverains, dont la souverai-

neté a un seul et unique objet, sont mis en présence,
la guerre ne peut manquer d'éclater entre eux. Le
plus fort se précipite sur le plus faible, et l'écrase.
Chez les nations démocratiques, où le principe de la
souveraineté nationale domine les institutions, où le
monarque, quel qu'il soit, existe seulement en vertu
de l'investiture que son concurrent et son supérieur
en souveraineté, le Peuple, lui a donnée, il n'y a
même pas de lutte. Lorsque la souveraineté populaire, inaliénable en fait et imprescriptible, s'in-
surge contre la souveraineté monarchique, le monarque, sachant qu'il n'a pas le droit pour lui, qu'il
n'a régné que par compromis, par tolérance, ne
songe même pas à résister. Il se sauve. Personne,
d'ailleurs, ne se lève pour le défendre. Ses plus
chauds partisans, ceux qu'il a gorgés d'honneurs et
d'argent, sont les premiers à crier : C'est bien fait !
L'expérimentation historique confirme ici les conclusions de la logique. La chute des deux Empires,
de la Monarchie légitime et de la Monarchie constitutionnelle démontre que la République est le seul
régime compatible avec la souveraineté nationale,
comme il est le seul dont la Raison puisse accepter
l'hypothèse chez un peuple démocratique.

Nous sommes donc en présence de deux proposi-
tions démontrées, indiscutables, évidentes :

1° Il ne peut exister et on ne peut concevoir en France un gouvernement qui n'ait pas pour principe la souveraineté nationale ;

2° La République étant le seul gouvernement qui ne soit pas en contradiction avec le principe de la souveraineté nationale, est aussi le seul qui puisse coexister avec lui.

Conséquences :

1° Le gouvernement que nous cherchons, le gouvernement rationnel aura pour base la souveraineté nationale ;

2° Il sera la République.

Mais il va de soi que si le gouvernement de la République, ses institutions et ses lois ne sont pas en harmonie avec le principe de la souveraineté nationale sur lequel reposent inéluctablement notre droit public et privé, l'autorité du gouvernement et les prétentions des partis, la République sera sujette aux mêmes aventures et aux mêmes catastrophes que l'Empire et la Monarchie. La moindre dérogation au principe fondamental de la société aura pour effet immédiat et fatal, sous la République comme sous les autres régimes, de fausser le ressort de tout l'organisme politique et social, et, comme l'erreur ne peut engendrer qu'une erreur plus grande, de nous conduire du faux à l'absurde, du ridicule au grotesque.

Voici donc comment se pose le problème, et comment il peut être formulé :

Étant donné que le gouvernement de la France a pour base unique et nécessaire la souveraineté nationale, et qu'il ne peut être que la République, trouver le gouvernement, les institutions et les lois qui soient l'expression et l'application rationnelle, méthodique et naturelle du principe primordial, essentiel et incommutable de la Souveraineté du Peuple.

Qui aura résolu ce problème, aura trouvé le centre de gravité du monde nouveau, rendu possible le dénouement de la question sociale et de la question européenne, découvert le gouvernement nécessaire de la Démocratie, réconcilié la société française avec elle-même et fermé l'ère des révolutions.

Cette solution, dans l'état actuel de la civilisation et de la science, peut-elle être trouvée? J'en ai la conviction. En tout cas, on peut l'étudier. On peut recueillir et mettre en lumière les éléments qui la rendront possible. On peut appliquer à la découverte de la vérité politique et sociale la méthode jugée jusqu'à ce jour la plus féconde et la plus sûre dans la recherche de la vérité scientifique. On peut du connu aller à l'inconnu. On peut raisonner par analogie. On peut étudier l'histoire, et des faits qu'elle enregistre tirer des conséquences. On peut chercher dans le monde quelles sont les nations reposant sur le principe identique de la souveraineté nationale ; on peut comparer leurs institutions dans le passé et dans le présent ; on peut observer et juger les résultats que ces institutions ont produits; on peut définir les règles générales dont elles sont la nécessaire application.

A défaut de la solution du problème politique et social, indiquer la méthode à suivre pour le résoudre, c'est le but que nous nous proposons en écrivant ce volume.

V

Au point de vue de la géographie politique et sociale, les nations se divisent en trois grands groupes ou familles principales :

1° *Les nations théocratiques*. Dieu est la source unique de la puissance, de l'autorité, de la justice ; le monarque règne par la volonté de Dieu dont il est le représentant sur la terre. Tels sont les monarques de l'Orient : l'empereur de Chine, l'empereur de Russie, le Sultan, et, en Occident, dans le domaine spirituel, le chef de l'Église catholique, le Pape, dont l'institution est, d'ailleurs, d'origine orientale;

2° *Les nations aristocratiques.* La souveraine puissance appartient, en vertu d'un prétendu droit de conquête et d'hérédité, à un certain nombre de familles dont le monarque est le chef, et qui forment ce qu'on appelle une aristocratie. Cette aristocratie a partout concédé au Peuple des droits plus ou moins étendus et des libertés qui peuvent être plus grandes que dans les pays démocratiques. Exemple : l'Angleterre, l'Autriche, l'Allemagne, etc.

3° *Les nations démocratiques.* La souveraine puissance appartient au Peuple. L'autorité, la loi, la justice découlent directement du Peuple. Tels sont la France, les États-Unis et la Suisse, qui, malgré l'exiguïté de son territoire, a toujours mérité de marcher au premier rang par l'originalité de ses institutions. En dehors de ces trois pays, on peut dire qu'il n'existe pas dans le monde de nation démocratique jouant un rôle prépondérant et digne de provoquer l'examen (1).

---

(1) Nous ne parlons pas de l'Espagne, de l'Italie et de la Belgique, chez lesquelles existe un système mixte assez semblable à celui sous lequel la France a vécu de 1830 à 1848. Le suffrage uni-

Si nous écartons les nations théocratiques et aristocratiques reposant sur des principes qui n'ont plus cours en France depuis la nuit du 4 août 1789, et qui sont, d'ailleurs, la négation de notre droit social, nous restons en présence de trois peuples admettant le principe de la souveraineté nationale et n'en reconnaissant officiellement pas d'autre. Nous aurions pu comparer leurs institutions et étudier chez chacun d'eux les applications diverses du principe commun de la souveraineté nationale. Cependant nous ne ferons pas de la République suisse un des objets de cette étude, et nous ne citerons que rarement son exemple : cela pour trois raisons. D'abord, la Suisse n'a définitivement éliminé de ses institutions le principe aristocratique que depuis 1848. Sous ce rapport, elle est considérablement en retard sur la France et sur les États-Unis qui, depuis la fin du siècle dernier, ne reconnaissent d'autre titre à la puissance politique que la qualité de citoyen, indépendamment de la fortune, de la propriété ou de la naissance. En second lieu, les éléments d'observation qu'elle au-

versel n'existe chez aucun de ces trois peuples qui ont conservé la Monarchie et qui paraissent appelés à traverser les mêmes phases par où nous avons passé, sauf peut-être l'Italie, dont l'unité date d'hier et qui pourrait retourner plus tôt qu'on ne pense au fédéralisme.

rait pu nous fournir, auraient été la plupart du
temps identiques à ceux que nous offrent les États-
Unis. Enfin la République suisse est une Confédération de Cantons souverains. Les Cantons ne doivent
pas leur existence à la Confédération, c'est la Confédération qui doit son existence aux Cantons. Si
nous avions invoqué l'exemple de la Suisse, on aurait pu conclure que nos tendances étaient fédéralistes. En France, il y a des adjectifs qui perdent les
meilleures causes; il y a des mots qui tuent. Le mot
fédéraliste est de ceux-là. C'est en les accusant de fédéralisme que les Jacobins de la Convention ont fait
monter vingt et un Girondins à l'échafaud. Le républicain Chaudey était un fédéraliste : la Commune l'a fusillé. Si toutefois nous repoussons cette
épithète, on nous fera l'honneur de croire que ce
n'est pas à cause des sanglants souvenirs qu'elle
évoque. — C'est uniquement parce que nous ne
sommes pas fédéralistes. — Nous avons assez de
défendre nos opinions sans endosser la responsabilité de celles qui ne sont pas les nôtres. Ce que
nous voulons, ce n'est pas ce qu'à tort ou à raison
on a reproché aux fédéralistes de vouloir; ce n'est
pas l'affaiblissement du pouvoir national; ce n'est
pas la destruction de l'unité française; ce n'est pas
l'émiettement de la France; ce n'est pas l'État mor-

celé et divisé, c'est l'État libre. Ce que nous avons
la prétention de chercher, sinon de découvrir, c'est
l'application rationnelle du principe de la souveraineté nationale dans la République française une et
indivisible. Rien de plus, rien de moins.

C'est pourquoi nous nous sommes bornés à étudier la République française et la République américaine.

VI

De même que la mythologie attribuait à trois
dieux, Jupiter, Neptune et Pluton, le gouvernement du monde, et que toutes les religions de tous
les temps, égyptiennes, assyriennes, indiennes ou
chrétiennes, reconnaissent l'existence d'une trinité
divine, de même les peuples civilisés, d'accord
avec les philosophes de l'antiquité et des temps
modernes, sont unanimes à reconnaître et à proclamer l'existence de trois pouvoirs : pouvoir législatif, pouvoir exécutif et pouvoir judiciaire,
qui sont les trois manifestations distinctes de la
puissance sociale correspondant aux facultés diverses de l'intelligence humaine. Le premier usage

qu'une Nation fait de sa souveraineté, c'est de
créer des agents ou des corps politiques chargés
d'exercer en son nom et pour son compte ces trois
pouvoirs, soit ensemble, soit séparément, selon
le degré de civilisation et de science auquel elle
est parvenue. En d'autres termes, elle commence
par se donner une Constitution. Nous avons dû,
par conséquent, examiner en premier lieu dans
quelles formes et d'après quelles règles s'exerçait le
pouvoir constituant dans la République française et
dans la République américaine. Nous avons ensuite
étudié de la même manière, dans les deux Républiques, au point de vue théorique et pratique, le
pouvoir législatif, le *pouvoir exécutif*, le *pouvoir judiciaire*, enfin l'*autonomie régionale et communale ;*
— nous avons mis en regard le *Département* français et l'« *État* » américain, la *Commune* de France
et la *Commune* des États-Unis.

Nous ne prétendons pas avoir découvert l'Amérique. Quand, sous l'Empire, nous avons entrepris
le voyage des États-Unis dans un but d'étude et de
comparaison, nous avons fait la traversée sur un
confortable paquebot en compagnie d'un grand
nombre d'aimables compatriotes dont la plupart,
tout en vaquant à leurs plaisirs ou à leurs affaires,
ont fait exactement les mêmes observations que

nous-même. On trouvera dans ce volume beaucoup
de choses qui ont été dites déjà, notamment par
M. Alexis de Tocqueville (1), le Christophe Colomb,
celui-là, de la démocratie américaine, par M. Édouard
Laboulaye (2) et à un point de vue plus spécial
par M. Adolphe de Chambrun (3), par M. Léon Donnat (4), enfin par M. C. Hippeau (5). On trouvera
aussi, nous le croyons du moins, des observations

(1) *La Démocratie en Amérique*, par Alexis de Tocqueville.

(2) *Questions constitutionnelles*, par Édouard Laboulaye. Charpentier et Cie.

(3) *Le Pouvoir exécutif aux États-Unis*, par Adolphe de Chambrun.
Paris, Ernest Thorin, 1876.

(4) *Lois et mœurs républicaines*, par M. Léon Donnat. Paris, librairie Charles Delagrave, 1880. Contient des renseignements et
des aperçus très-intéressants.

(5) *L'Instruction publique aux États-Unis*, par C. Hippeau. Paris,
Didier et Cie.

Parmi les livres publiés en France, dans lesquels on peut trouver
des renseignements utiles concernant les institutions américaines,
nous citerons en outre : le *Commentaire de la Constitution américaine*, par Story, traduction de M. Paul Odent (ce livre est introuvable
en librairie, mais il existe à la Bibliothèque Nationale); la *République
américaine*, par O.-A. Brownson, traduction du comte de Lubersac,
Paris, Amyot, éditeur, 1870, écrit par un catholique dans un esprit
catholique, et, pour cette raison, particulièrement curieux; *Mélanges
politiques et philosophiques*, extraits des *Mémoires et de la Correspondance de.Thomas Jefferson*, par L.-P. Conseil, Paris, 1833; le
Système du Gouvernement américain, par Ezra Seaman, traduction
de M. A. Hippert, Paris, Guillaumin, 1872; *l'État de Californie*, par
M. Léon Donnat, Paris, Ch. Delagrave; *l'Élection des fonctionnaires*, par le même, *Ibid.*, 1873; *Exposé d'un système de législation
criminelle pour les États-Unis d'Amérique*, par Edward Livingstone,
avec une Préface de M. Charles Lucas et une Notice historique de
M. Mignet, Paris, Guillaumin, 1872, etc.

nouvelles inédites en France jusqu'à ce jour. Sur certains points, nous sommes entrés dans des détails qui paraîtront minutieux. Nous avons indiqué, par exemple, le chiffre des appointements des députés, des sénateurs, des ministres; nous avons donné la liste des principaux fonctionnaires du gouvernement national, du gouvernement régional et du gouvernement communal. Ces indications techniques n'ont rien d'attrayant; mais elles nous ont paru utiles à publier dans un pays où on renverse à chaque instant des gouvernements, sans s'être demandé ce qu'on mettrait à la place, et où, faute d'avoir étudié le mécanisme des gouvernements républicains, les insurrections triomphantes, même la Commune, se trouvent invariablement dans la nécessité de copier servilement les procédés monarchiques.

Nous n'écrivons pas, d'ailleurs, pour l'amusement ou pour l'excitation du public. Nous n'avons pas voulu faire une œuvre éclatante de polémique ou de parti, mais simplement livrer un document aux méditations des hommes soucieux de l'avenir de la République et de la France, et désireux de s'instruire. — Nous avons observé des faits, nous les avons classés, nous les avons comparés dans leurs propriétés, leurs causes et leurs effets. Nous avons été amenés à tirer ainsi des faits eux-mêmes des

conséquences logiques, et à formuler certaines
règles qu'une expérience de plus d'un siècle et une
constante similitude de résultats permettent peut-
être de considérer comme les lois qui président inévitablement au fonctionnement des gouvernements
démocratiques. Puisse notre exemple provoquer des
imitateurs ! Puissent les écrivains, les orateurs, et les
savants de tous les partis apporter leur concours à
l'édifice de la science politique, qui doit, sous peine
de déchéance nationale, remplacer à bref délai la
politique empirique, fantaisiste, artistique, opportuniste, comme les sciences physiques ont remplacé
l'alchimie !

On nous a fait une objection, on nous a dit :
— « Vous avez tort d'établir un rapprochement
entre la République française et la République américaine. Il n'existe entre les deux pays aucun rapport.
La France diffère de l'Amérique par ses antécé-
dents, par ses mœurs, par sa religion, par l'étendue
de son territoire. » — Nous ne nous arrêterons pas à
répondre à cette objection. « Qui connaît un cheval,
a dit Condillac, connaît tous les chevaux. Qui connaît un chat, connaît tous les chats. » Il n'y a
pas une liberté américaine, une liberté française,
une liberté allemande. La Liberté est de tous les
pays et de tous les mondes comme la santé, la

maladie et la mort, comme le bien, le mal, la
morale, la justice et la philosophie, comme toutes
les vertus, tous les vices et toutes les sciences. Qui
connaît la liberté américaine, connaît toutes les
libertés, ou plutôt il connaît la Liberté qui les
embrasse et les résume toutes.

S'il était prouvé que les Américains aient trouvé
les lois définitives qui doivent régler dans les républiques l'application du principe de la souveraineté
nationale, il faudrait les copier exactement. Elles
seraient l'expression de la Vérité, de la Liberté
et de la Justice. Elles seraient applicables à tous les
peuples, sous toutes les latitudes et dans tous les
climats.

D'ailleurs, quand on veut connaître l'homme et ses
organes, on n'observe pas les oiseaux ou les pois-
sons. On étudie l'homme. Voulons-nous connaître les
organes nécessaires à la vie d'une république démocratique? Étudions la République démocratique.
Ayons l'audace de rompre avec la routine. Si les es-
prits éminents que nous voyons, depuis un siècle,
marcher à la découverte du gouvernement normal
de la Démocratie, ont jusqu'ici misérablement échoué
dans leurs entreprises, c'est qu'ils n'ont pas su s'é-
lever au-dessus des préjugés mesquins de la race,
et qu'ils n'ont demandé des exemples qu'aux mo-

narchies voisines ou aux aristocraties esclavagistes de l'antiquité. Que leurs avortements nous
servent de leçon ! Archimède voulait un point
d'appui pour soulever le monde physique. C'est peut-
être faute d'un terme exact de comparaison qu'on
n'a pas encore soulevé le vieux monde européen,
the old world (1), comme disent les Américains.

Il existe, de l'autre côté de l'Océan, une démocratie de quarante millions d'hommes à laquelle des
circonstances exceptionnellement favorables ont
permis, pour le bien général de l'humanité, de formuler, d'expérimenter pendant cent années et d'a-
mender successivement les institutions et les lois de
la République. La Raison et la philosophie nous
ordonnent de chercher là des enseignements. Les
rédacteurs de la Constitution des États-Unis n'ont
pas seulement travaillé pour la grandeur et la liberté
des États-Unis : ils ont travaillé pour le bonheur de
l'humanité. Ils ont fait plus qu'une œuvre nationale, ils ont fait une œuvre humaine. « Si nous
échouons dans notre expérience, disait le vieux
Benjamin Franklin s'adressant à Washington, l'humanité pourra désespérer désormais d'établir des
gouvernements sur les principes de la sagesse

(1) Le vieux monde.

humaine, et abandonnera ce soin au hasard, à la
guerre et à la conquête (1). » Aujourd'hui, l'expérience des fondateurs de la République américaine est couronnée par un succès de cent années.
Pourquoi ne pas les imiter? Pourquoi ne pas
tenter en Europe ce qui réussit en Amérique?
Pourquoi ne pas faire en France ce qu'ils ont fait
aux États-Unis? Ils étaient au moins aussi divisés
que nous pouvons l'être sur le principe et sur la
forme du gouvernement. Hamilton voulait la Monarchie avec deux Chambres dont un Sénat héréditaire.
Randolph insistait pour une Chambre unique et
souveraine élue chaque année par le suffrage universel, sans Sénat et sans Président. Les uns tenaient pour la Confédération, les autres pour l'Unité.
Il y avait parmi eux de grands propriétaires de
noble origine, des agriculteurs sans fortune et sans
nom, des écrivains et des négociants. Presque tous
croyaient en Dieu et pratiquaient leur religion avec
ferveur ; mais quelques-uns ne se gênaient pas pour
nier la divinité de Jésus-Christ. Ces différences d'o-
rigine, ces divergences d'opinion politique et religieuse ne les ont pas empêchés d'établir un régime
qui nous offre le spectacle d'un prodigieuse stabilité

(1) *The Works of Benjamin Franklin with Notes and a life of the
author by Jared Sparks.* — Boston, 1839, tome V, page 153.

et dont le trait caractéristique est de dépasser de
beaucoup en hardiesse démocratique et libérale les
conceptions des révolutionnaires français républicains et socialistes. Au point de vue autoritaire et
prétendu conservateur, ces grands hommes, dont
la gloire n'a jamais excité chez les peuples d'autre
sentiment que la reconnaissance et l'admiration,
étaient des révolutionnaires bien autrement redou-
tables que M. Félix Pyat ou que M. Henri Rochefort,
qu'on maintient en exil sous le prétexte qu'ils pro-.
fessent des opinions subversives de tout ordre
social. Serait-ce donc que les extrêmes se touchent,
et que, pour être conservateur dans les pays de souveraineté nationale, il faut aller beaucoup plus loin
que ne sont jamais allés nos révolutionnaires (1)?
Si aucun des régimes que nous avons fondés jusqu'à ce jour n'a pu durer, cela viendrait-il, par aventure, de ce que nous n'avons jamais appliqué le
principe fondamental de notre société, le principe

(1) Proudhon, qui se croyait bien le plus audacieux des révolutionnaires, et que la République de 1848 tenait évidemment pour
tel, puisqu'elle lui a supprimé quatre journaux et qu'elle lui a infligé
avec un grand nombre d'années de prison des amendes énormes,
était « conservateur » au sens français du mot, si on le compare
aux *propriétaires* qui ont fondé la République américaine. Les
divers systèmes préconisés par lui ne pourraient, d'ailleurs, aboutir,
il serait facile de le démontrer, qu'à un despotisme effréné ou à une
confédération anarchique.

5.

de la souveraineté nationale assez révolutionnaire-
ment, ou, en termes plus simples, logiquement et
sincèrement ?

Après avoir lu ce volume, le lecteur possédera les
éléments nécessaires pour répondre en connaissance
de cause à cette importante et délicate question. Il
pourra en outre décider si la réalisation pacifique
des réformes achevées, il y a un siècle, aux États-
Unis, n'est pas une œuvre digne de tenter l'ambition et d'absorber l'ardeur patriotique de notre
génération. Rien n'est parfait en ce monde, mais
tout est perfectible. Washington disait : « Je
suis persuadé que la Constitution américaine
approche plus de la perfection qu'aucun autre
gouvernement jusqu'ici établi parmi les hommes. »
C'est à ce degré de perfection relative qu'il s'agirait
pour le moment d'atteindre. Le scrutin permet,
dit-on, toutes les conquêtes ; il justifie toutes les
espérances. La révision de notre Constitution républicaine de 1875 nous offre le moyen de réaliser
tous les perfectionnements, tous les progrès, une
Révolution.

Paris, juin 1880.

LIVRE PREMIER

LE POUVOIR CONSTITUANT

LIVRE PREMIER

LE POUVOIR CONSTITUANT

CHAPITRE PREMIER

VIEILLE IDÉE MONARCHIQUE

Le 1ᵉʳ octobre 1871, M. Clément Duvernois publiait, dans le journal bonapartiste *l'Ordre*, dont il était alors le directeur politique, un article dans lequel il soutenait cette thèse que, pour exister, la République avait besoin, comme les autres régimes, de se personnifier dans un homme d'une grande renommée ; qu'il lui restait une seule carte à jouer, la carte Thiers ; que, cette dernière ressource épuisée, la République n'aurait plus de prétendants à élever sur le pavois, et qu'alors, abandonnée de tous, elle serait obligée de se livrer encore une fois aux Bonaparte et à l'Empire.

Dans le numéro de la *Constitution* du lendemain matin, portant la date du 3 octobre, je publiai, en réponse à **M.** Clément Duvernois, un article qui avait pour titre : *le Prétendant de la Démocratie,* et dont voici les principaux passages :

... Heureusement, nous n'en sommes pas réduits à cette dernière ressource... nous avons à jouer une carte dont nous nous étonnons fort que M. Duvernois, ce défenseur intrépide des droits de la volonté nationale, n'ait pas songé à faire mention. Cette carte, il ne nous a jamais été donné de nous en servir. Mais, le jour où nous la lancerons sur le tapis vert européen, les couronnes chancelleront sur la tête des rois, la vieille société sera ébranlée jusque dans ses fondations. Cette carte s'appelle la République démocratique.

Nous avons eu le mot, jamais la chose. Comme nous l'avons dit hier, le Peuple a régné quelquefois, mais des ministres sans scrupules et sans foi ont toujours gouverné pour lui. Le Peuple a fait tour à tour les affaires de la Monarchie et les affaires de l'Empire. Il n'a jamais fait les siennes. Il a eu la République autoritaire et bourgeoise de 1848. Il a maintenant la République parlementaire de M. Thiers... Mais la République démocratique où le Peuple règne, gouverne et juge, nous ne l'avons jamais eue. A peine en avons-nous entendu parler comme d'une oasis lointaine où notre société pourrait un jour retrouver son assiette et goûter le repos...

Quand toucherons-nous au port? Quand goûterons-nous ce repos tant désiré et si mérité par d'héroïques efforts? Ce jour-là n'est peut-être pas aussi éloigné que d'autres font mine de le croire et de l'espérer. Ni M. Thiers, ni l'Assemblée de Versailles, ne sont éternels. La Parque peut couper la vie de l'un; le suffrage universel peut trancher en une heure l'existence de l'un et de l'autre. Ce jour-là, que se passera-t-il? — Bonaparte est acclamé! s'écrie Duvernois. — Non! c'est d'Aumale, répondent les orléanistes. — Nous arborons le drapeau blanc, murmurent les légitimistes. — Nous disons.: Ce jour-là sera le triomphe du Peuple !...

Le parti populaire n'est plus seulement un parti d'agitation et de révolution stériles, mais un parti de gouvernement. Le Peuple aujourd'hui a son prétendant. Tout le monde l'accepte... et je gage qu'au jour du scrutin, entraînée par le courant, la cohorte imbécile qui se rue sur le passage des princes votera pour lui comme un seul homme. Ce prétendant, vous l'avez nommé; le premier, il a accepté de ses électeurs un mandat impératif; le premier, il a cru que sa dignité lui permettait de déposer un serment entre les mains du Peuple ; le premier, il a dit et écrit aux électeurs de Belleville lui présentant un mandat à accepter : JE JURE OBÉISSANCE AU PRÉSENT CONTRAT ET FIDÉLITÉ AU PEUPLE SOUVERAIN.

Et n'allez pas croire que ce langage nous soit dicté par un excès de sympathie pour un homme que nous connaissons surtout par ses discours et par ses fautes, ni que nous nous fassions illusion sur sa valeur. Non. Mais notre avis , et sur ce point nous ne serons pas démentis, c'est que Gambetta ne le cède en rien sous le rapport de l'intelligence aux Bonaparte ni aux princes d'Orléans...

D'ailleurs, dans notre parti, les hommes sont peu de chose, les idées qu'ils représentent sont tout. Par un concours de circonstances inouïes, les idées de révolution sociale et politique que nous préconisons se trouvent en quelque sorte incarnées dans la personnalité de M. Gambetta. C'est pourquoi aux noms odieux de Bonaparte, de Louis-Philippe et du comte de Chambord, nous opposons le sien.

A. ÉDOUARD POHTALIS.

L'article avait fait sensation. Dans l'après-midi, M. Pephau, alors secrétaire de M. Léon Gambetta;

aujourd'hui directeur de l'hôpital des Quinze-Vingts, m'apporta, de la part de M. Gambetta une lettre, qui était ainsi conçue :

· Paris, 2 octobre 1871.

Mon cher Monsieur Portalis,

J'ai lu ce matin l'article que vous avez publié dans la *Constitution* sous ce titre : *Le Prétendant de la Démocratie*. Après-vous avoir remercié, comme je le dois, des sentiments de sympathie que vous avez bien voulu exprimer à mon égard, je vous prierai de me laisser vous présenter sur le sujet de cet article une observation qui m'est toute personnelle.

J'ai toujours pensé que pour assurer enfin parmi nous le triomphe de la Démocratie républicaine, il importait non-seulement de faire de la Démocratie un parti de gouvernement, ainsi que vous le dites si bien, mais encore de donner à cette Démocratie une attitude, des mœurs et un langage vraiment républicains. Quand donc vous parlez à vos lecteurs d'un prétendant, « d'un prétendant de la Démocratie », bien qu'on puisse ne voir dans cette expression qu'une pure antithèse, je crois qu'elle entretient dans une vieille idée monarchique, et je pense que nous ferions bien tous à l'avenir d'éviter pareils inconvénients. Quant à moi, quelque flatteuse que paraisse à certains égards, cette appellation de « prétendant de la Démocratie », je ne puis l'accepter, car dans la Démocratie il ne peut et ne doit y avoir, suivant moi, que *des citoyens appelés à rendre des services, et jamais des prétendants.*

Cela dit, je vous remercie encore, et vous présente, en attendant le plaisir de vous voir, mes meilleurs sentiments.

Léon GAMBETTA.

A M. Édouard Portalis.

En bas de la page à gauche, on lisait, écrits de la
main de M. Gambetta, comme le texte entier de la
lettre, ces mots soulignés : *Personnelle et non destinée à la publicité.* — J'allai aussitôt chez M. Gambetta, qui souffrait d'une phlébite, et que je trouvai
dans son lit. — Il me dit de publier sa lettre. — Elle
parut en effet dans le numéro de la *Constitution* du
lendemain portant la date du 1ᵉʳ octobre 1871, accom-
pagnée de la note suivante :

Ces observations sont évidemment dictées par un sentiment
démocratique des plus élevés. De tels scrupules honorent celui
qui les exprime, et nous ne nous attendions à rien moins de
la part de M. Gambetta. Nous n'avons jamais pensé qu'il son-
geât à se poser en prétendant, le sachant républicain trop
sincère et trop patriote pour cela.

Aussi bien ne s'agit-il ici à proprement parler que d'un seul
prétendant : la Démocratie, qui se sent enfin capable d'entrer
dans l'arène politique, et choisit momentanément M. Gambetta
pour son champion.

Cet article du journal la *Constitution* et la lettre
qu'il a provoquée marquent bien le chemin qu'on a
fait, depuis 1871, et celui que l'on n'a pas fait. M. Léon
Gambetta a largement justifié les espérances que
nous avions fondées sur lui. Il s'est montré, comme
nous l'avions prévu, infiniment supérieur par le patriotisme, par l'intelligence, par l'éloquence et par
l'activité à tous les prétendants, aux Bonaparte et

aux Bourbons. Les républicains ont victorieusement opposé son nom aux bonapartistes, aux légitimistes et aux orléanistes coalisés. Plus qu'aucun autre Français, il a pu contribuer à la défaite des factions anti-républicaines. Il a été, aussi longtemps que la lutte s'est prolongée, le « champion » courageux, persévérant, habile, le « champion » méritant de la Démocratie. Nul ne le conteste. Honneur à lui ! Mais depuis la victoire remportée, « *son attitude, ses mœurs et son langage* » sont-ils aussi scrupuleusement républicains qu'on aurait pu le croire et l'espérer, après sa lettre du 1er octobre 1871 ? Est-on bien sûr que, selon sa propre expression, cette « attitude », ce « langage » et ces « mœurs » « *n'entretiennent pas le pays dans une vieille idée monarchique* » ? La « pure antithèse » du rédacteur de la *Constitution* n'est-elle pas devenue la thèse de l'opportunisme ? M. Léon Gambetta n'est-il pas « prétendant » non à la Monarchie et à l'Empire, — il est trop intelligent pour cela, ces étiquettes usées sont à présent passées de mode, — mais à la toute-puissance qu'il exerce dès maintenant derrière le rideau ? Et le jour où il entrera officiellement en scène, peut-on douter que le Président de la Chambre des députés, avec l'humeur et le tempérament qu'on lui connaît, ne ramène à l'Élysée un système politique qu'on avait cru tombé en désuétude, et qui serait à la présidence de M. Jules Grévy ce que le gouvernement personnel est à la Monarchie constitutionnelle?

Depuis 1872, le parti républicain a conquis la majorité qu'il n'avait pas. Les partis monarchiques ont perdu les chances qu'ils paraissaient avoir. On a fait une Constitution. On a divisé en deux le Parlement. A la République parlementaire de M. Thiers a succédé, après l'intermède du Septennat, la République parlementaire de M. Gambetta. L'aspect extérieur et le personnel du gouvernement ne sont plus les mêmes; mais, au fond, le système n'a pas changé. « La République démocratique dans laquelle le Peuple règne, gouverne et juge », nous l'attendons encore. Et ce n'est pas à l'établissement de cette République-là que notre champion d'autrefois paraît aujourd'hui prétendre.

Entre le gouvernement d'hier et le gouvernement d'aujourd'hui la différence est dans la forme ; mais, entre le gouvernement d'aujourd'hui et le gouvernement de demain, entre la République parlementaire et opportuniste dont M. Léon Gambetta est le protecteur anonyme, et la République démocratique et rationnelle dont nous sommes les défenseurs déclarés, la différence est dans le fond.

Dans la République parlementaire, la Constitution est faite par le Parlement. — Dans la République démocratique, la Constitution est faite par le Peuple.

Dans la République parlementaire, le Parlement peut faire toutes les lois qui lui conviennent, les plus injustes et les plus attentatoires à la Liberté. — Dans la République démocratique, le Parlement ne ne peut faire des lois que sur des objets strictement déterminés et limitativement énumérés par la Constitution dont le Peuple est l'auteur.

Dans la République parlementaire, le Président de la République et tous les fonctionnaires sont nommés directement ou indirectement par le Parlement. — Dans la République démocratique, le Président de la République et tous les fonctionnaires sont directement nommés par le Peuple.

Dans la République parlementaire, les ministres désignés par le Parlement sont seuls responsables des actes du gouvernement : le Président de la République n'a pas de responsabilité politique. — Dans la République démocratique, au contraire, les ministres choisis par le Président de la République n'ont aucune responsabilité politique. Le Président seul est responsable.

Dans la République parlementaire, la justice est rendue par le Parlement, ou ce qui revient au même, par des juges nommés, sinon par le Parlement, au moins d'après ses instructions. — Dans la République démocratique, la justice est rendue par le Peuple, c'est-à-dire par le jury et par des juges élus.

Dans la République parlementaire, les Départements et les grandes Communes sont administrés par des fonctionnaires nommés par des ministres responsables devant le Parlement. — Dans la République démocratique, le Département et les grandes Communes sont administrés par des fonctionnaires directement élus par le Peuple des Départements et des Communes.

Dans la République parlementaire, les petites Communes sont administrées par des maires, agents du gouvernement parlementaire. — Dans la République démocratique, les petites Communes sont directement administrées par le Peuple.

Dans la République démocratique, le Peuple se gouverne lui-même. — Dans la République parlementaire, le Peuple est gouverné par le Parlement.

Dans la République démocratique, le Peuple ne délègue pas sa souveraineté. — Dans la République parlementaire, le Parlement, qui se perpétue par l'élection, est réputé délégataire de la souveraineté du Peuple, comme, sous l'Empire et sous la Monarchie, les empereurs, les rois et leur dynastie, sont censés avoir reçu la délégation pleine et entière de la souveraineté nationale.

Dans la République démocratique, le Peuple exerce les pouvoirs souverains qui autrefois étaient exercés par les rois. — Dans la République parlementaire, ces mêmes pouvoirs sont exercés par le Parlement avec les tempéraments que comportent les mœurs et la civilisation modernes.

Dans la République démocratique enfin, telle que la République des États-Unis, le Peuple est tout, le Parlement n'est rien.

Dans la République parlementaire, au contraire, telle que la République française, le Peuple n'est rien, le Parlement est tout.

Qu'il soit composé d'une ou de plusieurs Chambres, le Parlement est, dans la République parlementaire, l'héritier de la toute-puissante Convention, qui elle-même avait directement hérité des pouvoirs de la Monarchie. Lorsque la Convention, — dont l'idée, bien dénaturée depuis, et dont le nom lui-même avaient été rapportés d'Amérique par le général La Fayette, — se réunit le 21 septembre 1792 aux Tuileries, dans le palais des rois, elle entra immédiatement en possession du pouvoir des rois : elle se trouva saisie du pouvoir législatif précédemment exercé par l'Assemblée législative dissoute le même jour, ainsi que des pouvoirs exécutifs et judiciaires exercés jusque-là par la Monarchie virtuellement abolie dans la journée du 10 août.

Le premier acte des députés à la Convention, nommés pour rédiger une Constitution, est de déchirer la Constitution existante, — la Constitution du 12 septembre 1791, — sous le prétexte qu'elle n'a pas été soumise à la ratification populaire et « qu'il ne peut y avoir de Constitution que lorsqu'elle a été adoptée par le Peuple ». Dès lors la Convention, qui ne pourra que longtemps après s'occuper de l'établissement d'une Constitution nouvelle, se trouve exactement au regard de la Nation dans les mêmes conditions que le roi qu'elle détrône et qu'elle va guillotiner. Elle règne comme les anciens rois de France, comme « le tyran », — c'est l'expression du temps — sans aucune règle, sans aucune Constitution.

Sa puissance est illimitée. Elle peut dire, comme Louis XIV : « L'État, c'est moi ! » Et elle le dit. Écoutez Robespierre parlant à la Convention. On croit entendre l'écho des flatteries que Bossuet adressait au Grand Roi : « Cette Assemblée, dit-il, dirige les destinées de la terre ! » A propos de la

mise en jugement du roi Louis XVI, il dit aux députés, ses collègues : « Vous avez un acte de Providence nationale à exercer. » A la même époque,
Marat, le farouche Marat, s'écrie du fond de sa cave,
dans l'*Ami du Peuple,* que les députés de la
Convention, auxquels le Peuple a délégué ses pouvoirs, sont des « sages » et que « c'est aux sages à
régler les intérêts du Peuple, à consacrer ses droits ».
C'est la « vieille idée monarchique » dans toute sa
naïveté. Jamais les rois n'ont émis d'autre prétention
que d'être les uniques dépositaires de la sagesse et
d'être exclusivement chargés de régler les intérêts
du Peuple.

Saint-Just met au service de la même théorie
sa froide audace : « *Le législateur,* dit-il, *commande
à l'avenir, c'est à lui à rendre les hommes ce qu'il
veut qu'ils soient.* »

De nos jours on voit les ministres de la République défendre les lois de l'Empire, considérant
leur application comme indispensable au salut
de la République. En 1793, le Comité de Salut public défendait de la même manière et pour les
mêmes raisons les coutumes de la Monarchie.
Lorsque Saint-Just vient faire l'apologie du système de la Terreur, lorsqu'il veut obtenir de la Convention le décret du 8 ventôse an I (26 février 1793),

qui ordonnait « l'arrestation immédiate des personnes reconnues ennemies de la Révolution » et « la
séquestration de leurs biens », il soutient que la République a besoin pour s'établir d'employer les
mêmes moyens que la Monarchie ; qu'elle doit rester
armée contre les ennemis de la Liberté : « Citoyens,
dit-il, par quelle illusion vous persuaderait-on que
vous êtes inhumains ? Votre tribunal révolutionnaire a fait périr trois cents scélérats depuis un an,
et l'Inquisition n'en a-t-elle pas fait plus ?... Parle-
t-on de clémence chez les rois de l'Europe ? Non !
— Ne vous laissez point amollir (1) ! » — Cependant on avait renversé le trône pour détruire la tyrannie. « Vivre libre ou mourir » est la devise de la
Révolution trahie par la Convention. C'est le cri
partout proféré, c'est le serment partout prêté.
Que reproche-t-on tantôt à la Gironde, tantôt à la
Montagne, tantôt à la Convention ? Ce qu'on a toujours reproché et ce qu'on reprochera toujours aux
gouvernements républicains qui suivront les erre-
ments de la Monarchie : on leur reproche de vouloir
exercer « la tyrannie, » d'être un obstacle à l'établissement de la Liberté. Dans la matinée du 18 mai,
le tocsin sonne et le Peuple court aux armes. Ver-

(1) *Histoire de la Révolution française,* par M. Louis Blanc.

gniaud se rend aux Tuileries. Il demande à la Convention : « Qui a donné l'ordre de sonner le tocsin ? — Qui ? répond la Montagne, — la résistance à l'oppression ! » En même temps, une foule de citoyens, de fonctionnaires et de militaires se précipitent à l'Hôtel-de-Ville pour y prêter entre les mains de la Commune révolutionnaire le serment de « défendre jusqu'à la mort la sainte Liberté » (1). Les conventionnels s'accusent les uns les autres, et s'accusent eux-mêmes d'être des usurpateurs et des tyrans. Rabaud Saint-Étienne s'écrie : « Je suis las de ma portion de despotisme, je suis fatigué, harcelé, bourrelé de la tyrannie que j'exerce pour ma part, et je soupire après le moment où vous aurez créé un tribunal qui me fasse perdre les formes et la contenance d'un tyran. » C'est pour se punir du crime d'être les continuateurs de la Monarchie que les conventionnels s'envoient réciproquement à l'échafaud. Dans la séance du 2 juin 1793, où l'arrestation des Girondins est décidée sous la pression impérieuse du dictateur d'alors, de Marat, Jean Bon Saint-André déclare « qu'il fera tomber toute tête qui s'opposera à l'établissement de la Liberté ». Après les Girondins, c'est au tour des Dantonistes d'être accusés de tyrannie ;

______

(1) *Histoire de la Révolution française*, par M. Louis Blanc.

et le 9 thermidor, lorsque Robespierre, voulant sauver sa tête, dit qu'il n'est pas seul dictateur et que la
Convention est plus coupable de tyrannie que lui-
même, une clameur formidable s'élève des bancs du
Marais : « A bas le tyran! A bas le tyran! »

Ce cri est encore aujourd'hui le cri de toutes les
oppositions, c'est encore le cri du Peuple.

Sans doute l'œuvre de la Convention a été immense et glorieuse ; mais, en dehors des excès auxquels elle s'est livrée contre elle-même et contre le
Peuple, son règne a eu sur les destinées de la patrie
française, — il faut que les républicains aient aujour-
d'hui le courage de le reconnaître et de le dire, —
la plus néfaste influence. En exerçant son prodigieux despotisme, elle a créé un précédent d'autant
plus dangereux, qu'il devait se présenter à l'imagi-
nation des masses avec l'autorité et le prestige de la
victoire remportée sur les ennemis de la France au
dedans et au dehors. C'est ce précédent qui a permis
au pouvoir monarchique de se perpétuer successivement en France sous la forme césarienne et sous la
forme parlementaire. C'est grâce à ce précédent et à ses apologistes que l'usurpation de la souveraineté du Peuple et de la souveraineté des
citoyens, que la confiscation de la liberté nationale
et de la liberté individuelle par les empereurs et par

les Assemblées, par les gouvernements d'aventure
et par les gouvernements parlementaires, a pu être
considérée dans notre pays comme un bienfait,
comme une condition essentielle de gloire, de grandeur et de prospérité.

Après une dictature de trois années, la Convention avait, avant de se dissoudre, donné à la France
une Constitution dite de l'an III ; elle avait confié
le dépôt de cette Constitution à « la vigilance des
pères de famille, aux épouses et aux mères, à l'af-
fection des jeunes citoyens et au courage de tous les
Français (1) ». Cette précaution n'empêcha pas Bonaparte de fouler aux pieds l'œuvre de la Convention, de substituer, dans la journée du 18 brumaire,
son autorité à celle des membres élus du Conseil des
Cinq-Cents, de se prétendre comme eux, en vertu
de la même « idée monarchique », le délégué de la
Nation et de dire « qu'il était le premier représentant du Peuple français ». Il demanda au Peuple,
antérieurement dépouillé de sa souveraineté, de
confirmer la délégation qu'il avait usurpée, et le
Peuple vota la Constitution de l'an VIII, comme il
avait voté les précédentes Constitutions républicaines. Il donna même, à cette Constitution nouvelle,

____

(1) Constitution de l'an III, titre XIV, article 377.

un nombre de suffrages exceptionnel (1). Un homme
auquel on enlèverait, par une opération savante,
la faculté de vouloir, deviendrait une machine
à manger, à boire, à dormir, à aller, à venir; il
n'aurait plus ni individualité ni personnalité; il
ferait automatiquement ce qu'un autre voudrait
pour lui, quel que puisse être cet autre. Un Peuple
dépouillé de sa souveraineté, qu'on la lui ait volée
ou qu'il l'ait déléguée, est un homme sans volonté.
Il donne indifféremment ses suffrages à la République ou à l'Empire.

Au Directoire succède le Consulat, au Consulat
l'Empire (2), sans changement notable dans les institutions. Le Peuple votait sous la République. Il
vote sous l'Empire. Au lieu de s'appeler « République », la société française a pour raison sociale :
« Napoléon et Cie. » C'est toujours une société en
commandite, avec des commanditaires qui versent
leur argent et leur sang, tandis que les gérants,
hier au nombre de 750, maintenant réduits à l'u-
nité, sont libres d'exposer et de compromettre le
fonds social dans les plus folles entreprises.

(1) La Constitution de l'an VII fut votée par 3,011,007 suffrages.
La Constitution de l'an III n'avait réuni que 954,853 voix, et celle
de 1793, 1,801,918 suffrages.

(2) Constitution impériale du 28 floréal an XII (18 mai 1804), ac-
ceptée par 3,572,329 suffrages.

7

En 1814, tout change encore une fois et rien ne
change. Le prétendu délégué du ciel, « Louis, dit la
Charte, par la grâce de Dieu, roi de France et de
Navarre », procède exactement comme les prétendus
délégués du Peuple. Au lieu de devoir la souveraineté à une conspiration, comme Napoléon, ou à
une élection, comme la Convention, il la doit aux
Alliés. Le procédé et la procédure varient, le •fond
est le même. Comme ses prédécesseurs, comme
Louis XIV, comme Marat, comme Napoléon Ier,
Louis XVIII affirme, et croit peut-être, qu'il dispose
de la toute-puissance, sans conditions et sans limites. Lui seul est sage, lui seul est juge des insti-
·tutions et des lois qui peuvent convenir au Peuple
et qui sont susceptibles de faire son bonheur. Il veut
bien consentir, « sur la demande de ses sujets,
à modifier l'exercice de son autorité royale (1) »;
mais, en même temps, il rappelle et déclare en
termes formels « que *toute autorité en France réside
dans la personne du Roi* (2). » C'est « *volontairement et
par le libre exercice de son autorité royale que Louis
accorde, fait concession et octroi à ses sujets* » (3) d'une

(1) *Charte constitutionnelle du 4 juin* 1814: Laferrière et Batbie;
page cxii.
(2) Ibidem.
(3) Ibidem.

Charte constitutionnelle. Il aurait pu n'en pas donner.

En 1830, la Monarchie légitime est renversée. Pour que le sang français répandu pendant « les trois glorieuses » paraisse servir à quelque chose, la Charte nouvelle, qui n'est que la réédition de la précédente, avec de légères modifications, supprime hypocritement le Préambule. Louis-Philippe entre en composition avec le Parlement représenté par deux cent vingt-et-un députés. Il est entendu qu'il partagera avec ces députés, dans de certaines proportions, l'exercice de la souveraineté. Mais le Peuple continue à n'avoir pas voix au chapitre.

Dix-huit ans plus tard, le 24 février 1848, la République remplace encore une fois la Monarchie. La souveraineté du Peuple est de nouveau proclamée. Le suffrage universel est rétabli. Une Assemblée nationale est nommée. Comme Louis XIV et la Convention, elle exerce tous les pouvoirs sans frein, sans limites, et sans Constitution. D'une main elle brandit l'épée de la dictature, de l'autre elle retient les balances de la justice. Elle ordonne les transportations en masse du Peuple de Paris, comme Louis XIV avait ordonné la proscription en masse des protestants, comme la Convention avait ordonné la mort du Roi de France. Elle est souveraine ; elle est omnipotente ; elle est constituante ; elle peut

faire aussi bien la Commune que la Monarchie ou
l'Empire, à moins qu'elle ne préfère imaginer
quelque forme innommée de gouvernement. M. Jules
Grévy, auquel il faut reconnaître que les évènements
réservaient une destinée quasi-royale, défend, au nom
de cette Assemblée constituante, la même thèse que
Marat, au nom de la Convention, et que Louis XVIII,
au nom de la royauté. Il soutient que rien ne borne
sa puissance. « *Je voudrais bien savoir,* dit-il, *comment une Assemblée constituante issue du suffrage
universel, délégataire de tous les pouvoirs du Peuple,
sans conditions, sans limites, investie du plein exercice de la souveraineté, ne pourrait pas faire la Constitution comme elle l'entend.* » Entre la doctrine républicaine, telle qu'elle est officiellement admise, et la
doctrine royale, où est la différence ? N'est-ce pas la
même prétention catholique, monarchique et romaine, à la domination absolue, à l'omnipotence, à
l'omniscience, à l'infaillibilité ?

Le 4 novembre 1848, en vertu des pouvoirs monarchiques que lui reconnaissait si éloquemment le
futur Président de la République parlementaire,
l'Assemblée constituante promulgue une Constitution qui, tout en recommandant aux citoyens
« *d'aimer la patrie, de la défendre au prix de leur
vie et de participer fraternellement aux charges de*

l'État (1) », dépouillait les électeurs de toute souveraineté au profit des élus, comme l'avaient fait toutes les Constitutions antérieures. Elle ne garantit même pas aux citoyens le droit de suffrage. Témoin la loi du 31 mai. Aussi, quand Louis-Napoléon se présente comme le véritable délégué de la Nation, le Peuple, toujours dupé, toujours complaisant, toujours docile, s'empresse d'absoudre son parjure et de sanctionner la violation de la Constitution par 7,500,000 suffrages.

Malgré ces expériences, l'immense majorité des républicains opportunistes, radicaux, socialistes ou sceptiques, n'ont jamais cessé de considérer la « vieille idée monarchique » de la délégation de la souveraineté nationale à une Assemblée comme l'article fondamental et indispensable de toute croyance politique. Que n'a-t-on pas mis en doute, critiqué, nié ? On a brisé tous les fétiches. On a respecté celui-là. On n'a jamais osé, dans aucun camp, porter la main sur ce dogme sacré. On ne l'a pas même discuté. Sentant d'instinct qu'il ne leur resterait que peu de temps à vivre, et que morts ils n'auraient jamais aucune chance de ressusciter, le jour où le Peuple serait capable de-scruter la raison

(1) Constitution du 4 novembre 1848, préambule.

d'être des pouvoirs établis, leur légitimité, leurs
avantages et leurs inconvénients, tous les gouvernements issus du même sophisme, et successivement
devenus maîtres de l'éducation publique, ont proscrit des écoles dirigées ou tolérées par eux l'enseignement du droit constitutionnel et de l'histoire
contemporaine. Ils ont remplacé l'étude des Droits
imprescriptibles de l'Homme et du Citoyen par l'é-
tude des racines grecques et des vers latins. Ils ont
exigé, pour toutes les carrières gouvernementales et
pour l'exercice d'un grand nombre de professions li-
bérales, ce certificat d'abêtissement officiel et de cas-
tration intellectuelle, qui s'appelle un diplôme de bachelier ès lettres, un diplôme de bachelier ès sciences
ou un diplôme de licencié en droit. Ils ont maintenu,
de parti-pris, la Nation dans la plus honteuse et la
plus dangereuse ignorance de ses devoirs et des conditions nécessaires d'un gouvernement démocratique et libre ; si bien que la partie éclairée du
Peuple français, formée dans les écoles impériales ou
cléricales, accepta sous l'Empire, comme elle accepte
encore aujourd'hui, sans examen, les idées monarchiques ayant reçu l'estampille de l'Université
et de la cour de Rome. On vécut ainsi au jour le
jour, chacun comptant sur son flair habituel et sur
son art particulier pour tirer personnellement parti

des circonstances, quelles qu'elles puissent être, jusqu'au jour où la France, conduite une fois de plus,
sur le bord de l'abîme, par la monarchie impériale,
se trouva revenue à son point de départ. Outre les
humiliations à dévorer, les désastres à réparer,
les complications extérieures à éviter, elle voyait se
dresser devant elle les mêmes problèmes politiques
et sociaux aussi peu étudiés, aussi menaçants, aussi
insolubles que vingt ans auparavant. A son tour,
l'Assemblée de Versailles, élue pour faire la paix (1),
se proclamait souveraine, infaillible, omnipotente,
et voulait édicter sa Constitution. En réalité, elle
exerçait et elle exerça jusqu'en 1873 le pouvoir
absolu dans les mêmes conditions que Napoléon,
que la Convention, que les anciens rois de France
et que les despotes de l'Orient, sans frein, sans limites, sans aucune Constitution, avec l'armée, l'état
de siège et les tribunaux militaires pour instruments d'oppression, de vengeance et de proscription.
Et, chose triste, mais nécessaire à dire, cette san-
glante tyrannie, qui nous ramenait d'un siècle en

(1) L'article 2 de la convention d'Armistice, en vertu duquel l'Assemblée avait été élue le 8 février 1871, était ainsi conçu :
« La suspension des hostilités a pour but de permettre au gouvernement de convoquer une Assemblée qui se prononçera sur la
question de savoir si la guerre doit être continuée, ou à quelles
conditions la paix doit être faite. »

arrière, a trouvé dans le parti républicàin, plus ignorant, plus aveugle et plus dévoyé que jamais, des
justificateurs et des apologistes. Au lendemain de
la Commune, en plein état de siège, alors qu'on
supprimait à Paris les journaux indépendants et qu'on
fusillait à Satóry les vaincus de la Commune, on en-
tendit un des hommes les plus considérables du
parti républicain, un ancien membre du Gouvernement provisoire de 1848, M. Louis Blanc, appliquer
à la tyrannie parlementaire des temps modernes le
mot de la tyrannie monarchique d'autrefois et
dire à cette Assemblée de proscripteurs : « L'État,
c'est vous (1) ! »

Ainsi, à deux siècles d'intervalle, après cent ans
de Révolution, les dépositaires de la puissance publique sont possédés de la même « idée monarchique », de la même idée fixe. Le souverain est
électif au lieu d'être héréditaire ; il a de sept à neuf
cents têtes au lieu de n'en avoir qu'une. Il ne porte
plus perruque. Mais aux Parlements modernes il
faut comme aux rois d'autrefois le pouvoir absolu, et
celui qui nous l'annonce est un député socialiste se
posant en apôtre de la Révolution.

(1) Discours de M. Louis Blanc dans la discussion sur le projet
de loi départementale. — *Journal officiel* du 1er août 1871.

CHAPITRE II

LA CONSTITUTION DU 25 FÉVRIER 1875

Le trait caractéristique de la politique des représentants du parti républicain français dans le Parlement, depuis qu'ils sont passés sous la direction de M. Léon Gambetta, c'est, comme l'indique, d'ailleurs, le nom d'*opportunistes* qu'ils se sont à eux-même décerné, le manque absolu de suite et d'unité. Rien n'est plus intéressant à ce point de vue que de parcourir les discussions qui ont précédé le vote de la Constitution du 25 février 1875, par l'Assemblée de Versailles. Sans repousser précisément la « vieille idée monarchique » de la délégation absolue de la souveraineté nationale entre les mains d'une Assemblée, beaucoup de républicains firent d'abord aux prétentions constituantes des députés, « élus, comme le disait M. Beulé, dans un jour de malheur », une opposition très-nette et très-énergique. La première fois qu'elles se manifestèrent par la proposition de M. Rivet, M. Léon Gambetta les combattit éloquemment. Parlant des élections du 2 juillet 1871, dans lesquelles il avait été élu (1), il disait :

La France a hautement manifesté par le choix de ses élus qu'elle entendait retenir le pouvoir constituant et vous le dénier.

Ensuite, il faisait cette déclaration :

Je dis que si vous vouliez user du pouvoir constituant pour organiser soit la République, soit la Monarchie, vous feriez à la fois une œuvre téméraire et impolitique, parce que, lorsqu'on crée un gouvernement par voie de Constitution, il faudrait que les mains qui l'édifient aient été véritablement reconnues capables et dignes de l'édifier...

Et savez-vous pourquoi? C'est parce que *je ne voudrais pas à ce prix d'une République créée par une Assemblée incompétente.*

Dans la même discussion, M. Pascal Duprat disait :

Vous n'avez pas le droit de donner une Constitution à la France. Vous n'êtes pas, quoi qu'on en dise, des souverains.

M. le colonel Langlois allait plus loin; se faisant l'organe des vrais principes républicains, il s'écriait sur un ton pathétique :

Ne croyez pas qu'en vous refusant pour ma part le pouvoir

(1) A cette époque, la candidature de M. Léon Gambetta n'avait été soutenue à Paris que par un seul journal, la *Vérité*. Elle était combattue par tous les journaux républicains, entre autres par le *Siècle* et l'*Avenir National* qui lui opposaient M. Dupont de Bussac.

constituant, je sois prêt à l'accorder à une autre Assemblée
qui viendra aprés vous. *Je nie de la manière la plus absolue
le pouvoir constituant des Assemblées.* Je suis républicain et
j'affirme la souveraineté permanente du Peuple.

A la suite de cette discussion, le premier paragraphe de la proposition de M. Rivet reconnaissant
implicitement le pouvoir constituant de l'Assemblée
fut adopté par 434 voix contre 225. Parmi ces 225,
on remarquait MM. Gambetta, Lepère, Magnin,
Tirard, Jules Ferry, Cazot, Girerd, Cochery, Henri
Brisson, Turquet, Waddington, etc., etc.

M. Édouard Laboulaye écrivait à la même
époque :

Une Assemblée de 700 députés, divisés d'opinion, d'intérêts, d'espérances, agitera le pays pendant plus d'une année
par ses discussions violentes et n'aboutira qu'à une œuvre
informe (1).

Il disait aussi :

Que l'Assemblée rédige un projet de Constitution, *je ne
puis admettre que ce projet soit viable,* s'il n'est pas soumis
à la sanction du pays. Dans une République, c'est-à-dire un
gouvernement qui repose sur la volonté du Peuple, la ratification de la Charte nationale est une de ces lois fondamentales que personne ne peut éluder impunément.

Dix-huit mois plus tard, le 27 février 1873, dans

____

(1) *Questions constitutionnelles*, page 403.

la discussion sur le projet de loi présenté au nom
de la commission des Trente, et concernant les attributions des pouvoirs publics, M. Gambetta pro-
nonça les paroles suivantes :

Je dis que nous sommes engagés. Nous avons, à plusieurs
reprises, dès l'origine de l'Assemblée, protesté contre ses
prétentions au pouvoir constituant, et aujourd'hui nous lui
reconnaîtrions ce pouvoir! Comment! à partir du 2 juillet 1871, il n'est pas entré un républicain dans cette enceinte
qu'il n'y ait été envoyé pour exprimer l'opinion de ses commettants! Or l'opinion de ces commettants républicains a
toujours été de réclamer de vous la dissolution et non l'organisation des pouvoirs publics Et ces républicains le savent
bien : la preuve qu'ils le savent, c'est que, lorsqu'on a discuté
la Constitution Rivet, ils ont voté contre le préambule. Ils
sont donc liés à cette politique. *Ils sont liés par ces principes,
par ces actes.*

Le 19 mai, M. Peyrat, président de l'Union républicaine, déposait une proposition de dissolution
qui était précédée de la protestation suivante :

Considérant qu'aucune Assemblée élue n'a le droit d'exercer le pouvoir constituant qu'en vertu d'un mandat spécial,
nettement défini, indiscutable ;

Considérant qu'aucun mandat de ce genre n'a été donné à
l'Assemblée actuelle ; que même dans le cas où, ce que nous
sommes loin d'admettre, il y aurait doute, ce doute ne saurait être levé que par un appel aux électeurs pour la nomination d'une Assemblée nouvelle ;

Déclarent (les députés soussignés) protester contre la présentation des projets constitutionnels, laquelle attribue à l'Assemblée un pouvoir constituant que les représentants du Peuple soussignés persistent à ne pas lui reconnaître et déposent en conséquence le projet de loi suivant...

Cette proposition était signée par un grand nombre de députés, parmi lesquels MM. Gambetta, Lepère, de Mahy, Paul Bert, Henri Brisson, etc., etc.

Enfin, le 2 juillet 1873, M. Gambetta répondait à M. Dufaure demandant à l'Assemblée la mise à l'ordre du jour d'un projet de loi relatif à l'organisation des pouvoirs publics :

Nous ne voulons, ni de près, ni de loin, vous tailler une besogne constitutionnelle et nous associer à ce que nous considérons comme *une usurpation contre les droits de la France*.

En 1875, la situation avait changé. Les droites convaincues d'impuissance étaient abandonnées par une partie du centre droit. La République avait le vent en poupe. Lorsque, le 28 janvier, celui de tous les députés qui, comme publiciste, avait le plus vigoureusement protesté contre les prétentions constitutionnelles de l'Assemblée de Versailles, M. Édouard Laboulaye, proposa cet amendement : « Le gouvernement de la République se compose de deux Chambres et d'un Président », cinq républicains seulement éprouvèrent quelques scrupules,

montrèrent quelque hésitation à renier leurs protestations antérieures, à rebrousser chemin à la
politique constamment suivie dans l'Assemblée par
la gauche radicale. Ces cinq républicains s'appe-
laient Edgar Quinet, Peyrat, Madier·de Montjau,
Marcou et Louis Blanc. M. Louis Blanc voulut même
expliquer à la tribune pourquoi lui et ses amis ne
voteraient pas cet amendement. Mais, dans son
numéro du lendemain daté du 30 janvier, la *République française,* qui déjà n'admettait ni les scrupules,
ni les hésitations, ni les observations, publiait un
article qui se terminait par ces mots : « M. Louis
Blanc a jugé bon de se distinguer hier de son parti.
C'est une grave responsabilité que nous lui laissons
tout entière. Nous souhaitons qu'elle ne pèse pas d'un
poids trop lourd sur cette conscience si scrupuleuse,
quand les bouffées d'une vanité maintenant trop
connue seront entièrement dissipées... » A la suite
de cette admonestation, et dès le jour même, M. Louis
Blanc et ses amis firent, — selon la propre expression
de M. Louis Blanc, dans sa lettre à la *République
française* du 31 janvier 1875, — *le plus douloureux des
sacrifices à l'unité du parti républicain, et à l'amitié;*
ils acceptèrent sans réserves le pouvoir constituant de
l'Assemblée : ils votèrent avec tous leurs collègues
de la gauche les divers articles et l'ensemble des lois

constitutionnelles devenues la Constitution du 25 février 1875, telle qu'elle nous régit aujourd'hui.

Contrairement au principe proclamé par la Convention qu' « une Constitution ne saurait exister qu'à la
condition d'avoir été adoptée par le Peuple », contrairement aux précédents de la première République,
contrairement enfin aux déclarations si formelles de
M. Édouard Laboulaye, la Constitution du 25 février 1875, d'abord votée à la majorité d'une seule
voix, n'a pas été soumise par ses auteurs à la sanction du suffrage universel. C'est certainement une
faute qu'ils ont commise. Soumise au vote populaire, la Constitution de 1875 aurait incontestable-
ment réuni une majorité considérable de suffrages.
Les impérialistes se seraient alors trouvés dans
l'impossibilité de se dire les uniques partisans de
l'Appel au Peuple. Le privilège de la politique
plébiscitaire leur eût échappé, et cette perte leur
eût été plus sensible, elle leur eût porté un coup
plus prompt et plus terrible que la mort du Prince
impérial. Mais le principal défaut de la Constitution
de 1875 n'est pas de n'avoir fait l'objet d'aucun plébiscite. Il importe, en effet, fort peu, quoi qu'en
disent les impérialistes, que la Constitution soit
ratifiée par le Peuple, quand elle n'est pas faite par
le Peuple. Les Constitutions qui, en France, ont

reçu la consécration du vote populaire, n'ont pas été
plus respectées que les autres ; elles n'étaient pas
plus respectables. La plus démocratique de nos
Constitutions françaises, la Constitution républicaine du 26 juin 1793, en dépit de la ratification que
le Peuple lui avait donnée, n'a jamais été mise en
vigueur. Avant de l'appliquer, on a guillotiné ceux
qui l'avaient proposée et fait voter ; on l'a elle-mème
remplacée par une autre Constitution, la Constitution dite de l'an III, qui, soumise à son tour à la
formalité du vote populaire, n'en a pas moins été
brisée par Bonaparte, au 18 Brumaire.

Les Constitutions césariennes du Consulat, celles
du premier et du second Empire ont aussi subi
l'épreuve du plébiscite. Le Peuple, privé d'ailleurs
de ses droits et de sa liberté, n'a jamais soulevé
à l'égard des diverses Constitutions sur lesquelles il
a été consulté aucune objection. Il leur a donné l'au-
thenticité de ses suffrages, avec la placidité machi-
nale de l'Administration du Timbre, quand elle enregistre les actes de société les plus absurdes.

Il n'importe pas beaucoup plus de rechercher si
les auteurs des Constitutions sont effrontément
usurpateurs du pouvoir constituant, ou bien s'ils
peuvent trouver dans les circonstances au milieu
desquelles ils ont été élus, des raisons de soutenir

qu'ils ont reçu, avec la mission de pourvoir aux nécessités du moment, le prétendu mandat de constituer. La question n'est pas là. La question est de
savoir si, d'une part, les élus du Peuple sont les
souverains du Peuple, s'ils ont le droit de se livrer
dans ce qu'ils croient être l'intérêt du Peuple,
ou dans leur propre intérêt, à telle fantaisie constitutionnelle qu'il leur plaît, sauf à soumettre par la
suite, ou à ne pas soumettre, leurs caprices à la
sanction du Peuple, et si, d'autre part, le Peuple peut
valablement, quand il le voudrait, même sous la
réserve de son consentement ultérieur, abdiquer
ou, pour employer l'euphémisme en usage, déléguer
sa souveraineté à un homme ou à une Assemblée,
comme l'ont successivement prétendu les rois, les
empereurs et les parlements.

Le parti républicain a-t-il sagement agi en se dé-
jugeant? N'aurait-il pas mieux servi les intérêts défi-
nitifs de la République, en tenant haut et ferme le
drapeau de la souveraineté nationale, en faisant le
pays juge des usurpations de l'Asssemblée? L'histoire le décidera. Nous n'avons pas l'intention de
chercher ici à deviner quelle pourra être sa sentence. Avant d'examiner à qui appartient le pouvoir
constituant, avant d'établir qui, en droit, a qualité
pour exercer ce pouvoir, et comment, en fait,

8.

il peut et doit être exercé, nous avons seulement voulu montrer par des témoignages récents et irrécusables que le parti républicain officiel n'avait sur ce point fondamental et primordial aucune doctrine ;

Qu'il ne savait pas exactement à qui devait appartenir le pouvoir constituant dans la Démocratie, et dans quelles conditions ce pouvoir pouvait s'exercer ;

Que M. Léon Gambetta paraissait disposé à reconnaître le pouvoir constituant à une Assemblée qui aurait été spécialement élue pour constituer, tandis que M. Langlois niait, aux applaudissements de la gauche, « de la manière la plus absolue, le pouvoir constituant des Assemblées », quelles qu'elles puissent être ;

Que les députés républicains avaient contesté jusqu'au dernier moment à l'Assemblée de Versailles le pouvoir d'établir la Constitution dont ils bénéficient aujourd'hui ;

Que M. Léon Gambetta déclarait « qu'il ne voudrait pas d'une République organisée par l'Assemblée de Versailles » ;

Que les principaux auteurs de la Constitution, tels que M. Édouard Laboulaye, la qualifiaient d'avance d' « œuvre informe » ;

Qu'aucun gouvernement ne pourra jamais défendre avec autorité une Constitution qui, avant de naître, a été attaquée par de pareils hommes, et dans de pareils termes ;

Qu'il est impossible qu'une Constitution, qui n'a d'abord été votée qu'à une voix de majorité par une Assemblée aussi longtemps déclarée incompétente, aussi profondément divisée, ne porte pas la trace des étranges contradictions et des inconséquences de son origine ;

Que cette Constitution a été votée en partie par des monarchistes, qui n'avaient pas définitivement abandonné leurs espérances, — qu'on peut donc supposer *à priori* qu'elle n'a été faite ni dans l'intérêt de la Démocratie, ni dans l'intérêt de la République ;

Que si le parti républicain a pu avoir un intérêt relatif et momentané à voter et à défendre la Constitution du 25 février 1875, malgré ses défauts, pour empêcher la Monarchie, qui, d'ailleurs, depuis 1873 n'était plus à craindre, il a un intérêt absolu, urgent et permanent à ce que cette Constitution « informe » soit remplacée le plus tôt possible par une Constitution régulière dont l'origine ne soit pas suspecte, et dont toutes les dispositions soient en harmonie avec le principe de la souveraineté nationale ;

Que pour toutes ces raisons il est opportun,

nécessaire et patriotique de se préoccuper de la
Révision de la Constitution du 25 février 1875, —
d'étudier dans quel sens la Révision doit avoir lieu,
et sur quels points elle doit principalement porter.

CHAPITRE III

La première condition pour deviner l'énigme du sphinx moderne, qui depuis cent ans dévore tous les gouvernements, c'est de résoudre cette question :

« La souveraineté du Peuple peut-elle être déléguée? »

Théoriquement et logiquement, non ; la souveraineté du Peuple ne peut pas être déléguée. La thèse soutenue par M. Jules Grévy, à l'Assemblée de 1848, et par Marat, dans l'*Ami du Peuple,* est un sophisme insupportable et dangereux. La souveraineté est une puissance à laquelle sont soumises toutes les autres puissances, ou elle n'est pas. Il ne saurait exister, nous l'avons dit déjà, dans un même pays, deux souverainetés parallèles ou rivales, opposées ou juxtaposées. De là ce dilemme d'où ne sortiront jamais les abstracteurs de quintessence

parlementaire : le Peuple est souverain ou il ne
l'est pas. Si le Peuple est souverain, comme l'avouent
les légitimistes, comme le soutiennent les bonapartistes, et comme les républicains le proclament, le
Parlement n'est pas souverain, ne l'a jamais été et
ne le sera jamais. La prétention des Parlements à la
souveraineté est plus absurde que ne l'ont jamais
été les prétentions des rois à gouverner les hommes. Les rois ont toujours eu la précaution de dire
qu'ils tenaient leur autorité souveraine, non-seulement du Peuple, mais de Dieu. Or, du moment où
l'on admet la possibilité de l'intervention divine
dans les choses humaines, il n'est pas plus difficile
de croire à la mission divine d'un abominable tyran,
comme Philippe II, qu'aux miracles de Lourdes ou
de la Salette. La logique n'y fait aucune objection.
Mais ce que la logique n'admet pas, c'est qu'un Parlement puisse dire qu'en nommant ses membres,
même au suffrage universel, le Peuple leur ait délégué sa souveraineté. Le Peuple voudrait faire cette
délégation qu'il ne le pourrait pas. La souveraineté
consiste dans la faculté de faire tout ce que dicte la
volonté. Or, la volonté est personnelle et indivisible. Si la volonté ne peut faire l'objet ni d'une
vente, ni d'un échange, ni d'un partage, ni d'une
délégation, il en sera de même, à plus forte raison,

de la souveraineté. L'hypothèse d'un homme qui déléguerait sa volonté à un autre homme serait absurde ; l'hypothèse d'un Peuple déléguant sa souveraineté n'est pas plus raisonnable. Ce sont là des vérités métaphysiques élémentaires au-dessus de toute contestation et de toute démonstration.

Mais si le Peuple ne peut pas déléguer sa souveraineté, il est évident qu'il ne pourra pas davantage déléguer à aucune Assemblée, ni à aucun individu, le pouvoir constituant ; car s'il est un attribut essentiel de la souveraineté, c'est la faculté pour le souverain de faire la Constitution, c'est-à-dire de distribuer ses propres pouvoirs et d'en régler l'exercice. Dans la Démocratie, le pouvoir constituant appartient donc au Peuple, et n'appartient qu'à lui. Il s'agit uniquement de savoir de quelle manière le Peuple devra procéder pour exercer ce pouvoir ou, en d'antres termes, pour faire la Constitution.

Dans la République démocratique des États-Unis, lorsque le Peuple veut établir une Constitution, il nomme une Convention.

Mais les Conventions américaines n'ont rien de commun avec la célèbre Convention française. Ce ne sont pas des Assemblées nombreuses, bavardes, arrogantes, politiquant, légiférant, gouvernant, se disant, selon l'expression de M. Jules Grévy, « délégataires de tous les pouvoirs du Peuple sans conditions, sans limites », continuant à leur profit la tradition des dictatures impériales et royales : ce sont des réunions peu nombreuses, silencieuses, modestes, de délégués spécialement chargés par le Peuple de rédiger un projet de Constitution destiné à être soumis à la libre discussion du Peuple entier, et à être amendé, adopté ou rejeté par le Peuple.

C'est une opinion généralement accréditée parmi les politiques français qu'une Assemblée n'aurait ni l'autorité ni la capacité nécessaires pour s'occuper de questions constitutionnelles, si le nombre de ses membres n'atteignait pas au moins le chiffre de sept cents. La grande Assemblée Constituante, réunie le 5 mai 1789, dissoute le 30 septembre 1791, comptait mille cent dix-huit membres ; la Convention nationale, réunie le 21 septembre 1792, dissoute le 26 octobre 1795, était composée de sept cent quarante-neuf députés. Les représentants à l'Assemblée nationale Constituante réunie le 4 mai 1848, dissoute le 27 mai 1849, n'étaient pas moins de neuf cents, et la Constitution votée par cette dernière Assemblée décidait qu'à l'avenir le nombre des députés aux Assemblées législatives serait de sept cents, et celui des députés aux Assemblées Constituantes, de neuf cents (1). Enfin, l'Assemblée de Versailles était composée de sept cents députés, et, aux termes de la Constitution du 25 février 1875, l'Assemblée nationale constituante, qui seule a qualité désormais pour traiter des questions constitutionnelles, est formée de la réunion du Sénat et de la Chambre des députés, c'est-à-dire de huit cent trente-quatre membres.

Les Américains ont, à cet égard, une opinion toute contraire de celle des Français. Ils pensent que plus une Assemblée est nombreuse, moins elle est capable de patriotisme, de dignité, de sagesse, de désintéressement. La fameuse Convention qui a rédigé le projet devenu la Constitution actuelle, et bientôt centenaire des États-Unis, n'était composée que de cinquante-cinq membres. Elle se réunit à Philadelphie le 27 février 1787, et acheva son travail de rédaction six mois après, le 17 septembre de la même année.

Autant les débats de nos Assemblées constituantes ont eu de retentissement, autant les discussions de la Convention de Philadelphie ont été silencieu-

____

(1) En 1871, M. Gambetta a fait valoir cet argument de droit contre les prétentions constituantes de l'Assemblée de Versailles, qui n'était composée que de 700 membres et qui avait été nommée conformément aux dispositions de la Constitution de 1848, remise en vigueur pour la circonstance.

9

ses. En France, qu'il s'agisse de constituer ou de légiférer, la Liberté naissante commence invariablement par restaurer la tribune parlementaire et par donner aux discours des députés une immense publicité. Aux États-Unis, la Liberté démocratique a remplacé la tribune parlementaire par la tribune populaire, le *stump* (1) ou la *plattform* (2). Les grandes questions politiques et sociales sont élaborées dans les *meetings*. Le mouvement qui anime le corps politique et social ne prend pas naissance dans le Parlement, mais au sein de la Démocratie vivante, parlante et agissante. Les projets de Constitution subissent l'épreuve de la discussion publique en plein air ou dans les *halls* servant aux partis de lieux de réunion. C'est là qu'ils sont attaqués ou défendus, acceptés ou repoussés, sans que le gouvernement intervienne ni pour, ni contre. Dans les Assemblées législatives, au Sénat et à la Chambre, les orateurs parlent de leur place, comme en An-

(1) Littéralement : souche, tronc d'arbre. Dans les premiers temps de la République et dans les villages, l'orateur qui voulait dominer la foule, n'ayant à sa disposition ni tribune ni estrade, escaladait le premier piédestal venu, le plus souvent un tronc d'arbre ou une souche. De là le mot *Stump* servant à désigner la tribune populaire : *stump orator*, orateur de réunions publiques. Le grand Lincoln était un *stump orator* infatigable.

(2) Estrade dressée en plein air ou dans les *halls* pour les orateurs.

gleterre. Leurs moindres paroles ne sont pas recueillies, imprimées toutes vives, et répandues d'un
bout à l'autre du territoire par le *Journal officiel*
de la République. Enfin, dans les Conventions, les
élus du Peuple ne sont pas distraits de leurs travaux
par le souci de se faire applaudir ou de soutenir
leur réputation artistique. Les débats ont lieu à
huis clos et les délibérations sont secrètes.

La Convention de Philadelphie était présidée
par un général victorieux. On l'appelait *first in the
war*, le premier dans la guerre. Il jouissait d'une
popularité telle que deux fois on lui avait offert
la couronne. Son nom était Georges Washington.
A ses côtés siégeaient des philosophes, des écrivains, des personnages politiques justement orgueilleux des services qu'ils avaient précédemment
rendus à leur patrie (1) : Benjamin Franklin, Dickinson, Madison, le gouverneur Morris, Edmond
Randolph, etc. Désignés par les libres suffrages de
leurs concitoyens pour rédiger le projet de statut
d'un gouvernement définitif et démocratique devant
remplacer le système défectueux de gouvernement

(1) M. Cornélis de Witt dit, dans son *Histoire de Washington*,
page 236 : « Presque tous, ils appartenaient à la classe supérieure.
Les plus obscurs parmi eux étaient les chefs de leurs États... Jamais Assemblée politique appelée à délibérer sur d'aussi grands intérêts ne fut aussi éclatante par les lumières. »

qui existait alors aux États-Unis, ils ne disaient pas avec Louis XIV, Marat, Louis XVIII, Napoléon et M. Jules Grévy : « La seule autorité qui existe dans le pays, c'est la nôtre; nous sommes investis du plein exercice de la souveraineté, nous pouvons faire la Constitution comme nous l'entendons ». Ils disaient : « Nous sommes les humbles conseillers du Peuple (1). » — « Notre affaire, c'est de recommander et non pas d'établir un système de gouvernement (2). »

Les membres de la Convention américaine, chargés par le Peuple de soumettre au Peuple un projet de Constitution ou d'amendement à la Constitution, n'ont pas plus le droit de voter un acte qui engage la Nation qu'un notaire ne peut disposer de la fortune de son client. Si le projet soumis au Peuple par la Convention n'est pas ratifié par le Peuple, il est nul et non avenu; il n'a jamais existé. Si, au contraire, le Peuple l'accepte, il devient la loi suprême. Il ne peut plus être modifié que par une nouvelle Convention, ou, selon l'expression américaine, par « le Peuple des États-Unis réuni en Con-

----

(1) John Randolph. (Voyez : *The constitutional Convention and modes of proccedings*, par Jameson, p. 294, cité par M. Édouard Laboulaye : *Questions constitutionnelles*, p. 391.)

(2) Edmond Randolph, frère du précédent.

vention ». Dans la République démocratique le
Peuple seul peut donner aux lois constitutionnelles
la force exécutoire. Il ne délègue pas ce qui ne peut
faire l'objet d'aucune délégation rationnelle et normale. Il exerce personnellement sa souveraineté.
La Constitution est l'expression directe de sa volonté. La Constitution de la République parlementaire française du 25 février 1875 commence par ces
mots : « L'Assemblée nationale a adopté la loi dont
la teneur suit. » Il n'est pas question, dans toute
la Constitution, du Peuple, prétendu souverain. La
Constitution de la République démocratique des
États-Unis débute ainsi : « We, the People of the
United States... Nous, Peuple des États-Unis, nous
faisons, nous décrétons et nous établissons cette
Constitution. »

Toute immixtion dans les affaires publiques est
interdite aux membres de la Convention. Ils n'ont
pas, comme les députés de nos Assemblées constituantes, à faire des lois, à voter le budget, à renverser des ministères, à diriger la politique, et,
par-dessus le marché, s'ils ont du temps de reste, à
discuter et à voter la Constitution. Ils reçoivent un
mandat étroit. La Convention a sa fonction spéciale
et exclusive. Elle siège concurremment avec la
Chambre des députés, le Sénat, le Président de la

République, les ministres et la Cour suprême, souvent dans les mêmes villes (1), mais elle n'entretient

(1) Il est à remarquer que les Américains, au contraire des Européens, ne placent pas dans les grandes villes le siège du Gouvernement, d'abord pour ne pas porter ombrage à l'indépendance communale, ensuite pour préserver le Gouvernement de la pression des
foules. J'écrivais à ce propos en 1869 :

« Les différentes capitales des États-Unis sont reléguées au second
plan, si bien que leurs noms sont obscurs et presque inconnus.
New-York, que les Américains appellent la ville impériale, n'est
même pas capitale de l'État qui porte son nom. Chicago, la plus
grande ville de l'Illinois, ne l'est pas davantage, pas plus que Cin-
cinnati, la Nouvelle-Orléans et tant d'autres grandes villes. Seule,
la capitale des trente-sept « États » et des neuf territoires de l'Union
n'est pas inconnue.

« Washington ressemble beaucoup à Versailles. Ces deux villes
sont egalement mal situées, peu peuplées, peu commerçantes. Elles
sont arrivées au même point par des voies différentes. Là, le temps
a réduit à ses justes proportions les vanités d'un gouvernement
despotique. Ici l'intelligence des hommes a donné du premier coup
au gouvernement les allures simples et modestes que doit avoir un
serviteur de la chose publique.

« Qui sait, d'ailleurs, si l'avenir ne réserve pas à ces deux villes
la même destinée? Le jour où nous voudrons vraiment être libres,
nous éloignerons les agents du gouvernement des grands centres de
population, afin de décourager les ambitieux et de soustraire les citoyens à toute pression ainsi qu'à toute séduction. Nous installerons à
Versailles le chef du pouvoir exécutif, les ministres, les Chambres et le
reste. Paris deviendrait alors une ville démocratique. On transforme-
rait les Tuileries en lieu de réunions publiques sur le modèle de *Tam-
many Hall* ou de *Cooper Institute* à New-York. Cette transformation,
qui n'est pas d'ailleurs plus impossible que celle du château de
Versailles en musée, serait beaucoup plus utile. Ces palais cesse-
raient d'être un objet de coupables convoitises, dès qu'ils appartien-
draient à la foule... La préfecture de Versailles deviendrait l'au-
berge des chefs du pouvoir exécutif.

« Washington n'est situé ni dans un État, ni dans un territoire,
mais dans le district de Colombie dont les habitants ont été privés

avec eux aucun rapport. Entre l'actif et le passif, le commandement et l'obéissance, le souverain et le sujet, le constituant et le constitué, il n'existe aucune confusion. La Convention, organe spécial du Peuple souverain, exerçant le pouvoir constituant, domine les pouvoirs constitués. Si elle ne peut, sans le concours du Peuple, rien ordonner et rien exécuter, elle seule a, du moins, qualité pour discuter leur existence, leurs attributions et leurs limites. Le Peuple réuni en Convention est le seul arbitre des droits réciproques des citoyens, du Congrès et du gouvernement. Métaphysiquement, la Convention ne cesse jamais d'exister. Élus et électeurs sont toujours libres d'en appeler à son tribunal suprême : aussitôt elle apparaît sous la forme concrète d'une réunion de citoyens spécialement chargés de traduire le verdict populaire en langage légal et de lui donner la forme d'un projet de résolution. Ce projet est ensuite livré à la discussion publique des

de certains organes essentiels à la vie politique. Citoyens cryptogames, assez semblables aux Français, ils n'élisent ni gouverneur, ni juges, ni députés, et si, à toute force, ils veulent prendre part aux élections générales, ils sont obligés pour voter de se rendre dans un État voisin. Voyez la différence! En France, un fonctionnaire est avant tout un agent électoral; en Amérique, la seule présence d'un fonctionnaire empêche de voter. »

(*Les États-Unis, le Self-Government et le Césarisme*, par A.-Édouard Portalis. Paris, 1869. A. Le Chevallier, éditeur.)

législatures, de la presse, des réunions publiques. Si finalement il est voté par le Peuple, il devient la Constitution elle-même (1).

De cette manière, le Peuple n'abdique jamais un seul instant sa souveraineté. Mais pour que ce système qui a été expérimenté plus de deux cents fois depuis un siècle, dans les divers « États » de la République américaine, et qui a toujours donné d'excellents résultats, ne soit pas une duperie; pour que la Constitution soit réellement faite par le Peuple, il ne suffit pas que le Peuple soit appelé à voter les articles de la Constitution, cette Constitution eût-elle même été rédigée par des commissaires spéciaux; il faut, de plus, comme nous l'avons indiqué, que le Peuple soit appelé à discuter le projet de Constitution en toute liberté. Là est le point capital. Là est la grosse difficulté ; là est l'obstacle perpétuel à l'établissement de tout gouvernement durable, républicain, démocratique et libre dans les pays où on se défie de la Liberté.

On dit que le Peuple est le maître, mais on veut qu'il obéisse. On lui défend de manifester sa colère, ses espérances ou ses regrets, de fêter les vivants ou de pleurer les morts, et s'il désobéit, on le frappe à

____

(1) Voir Brownson, *la République américaine*, traduction du comte de Lubersac, chap. XI.

coups de casse-tête ou de pointe de sabre, suivant
les gouvernements et l'humeur du préfet de police.
On proclame que le Peuple est souverain, mais à la
condition sous-entendue, et bien entendue, de le
maintenir en tutelle, et de jouir, pendant son éter-
nelle minorité, de l'usufruit de sa souveraineté. On
ne veut pas comprendre que la souveraineté du Peuple, c'est la liberté du Peuple ; que la souveraineté du
Peuple et la liberté du Peuple sont les deux termes du
binôme démocratique ; que supprimer l'une, c'est
supprimer l'autre ; et que toute atteinte à la liberté du
Peuple équivalant à une négation de la souveraineté
du Peuple, c'est-à-dire à une négation de la République et du suffrage universel, a pour conséquence
mathématique de créer une situation contradictoire,
anormale, révolutionnaire dans laquelle les crises
succèdent aux crises et qui, en fin de compte, ne
peut se dénouer, — et encore pour un temps, — que
par le renversement du Gouvernement, ou par la
complète oppression du Peuple.

Lorsque le chef de l'opportunisme s'écrie : « Le
cléricalisme, voilà l'ennemi ! », il se trompe et il
trompe la Démocratie. Si la République parlementaire
n'avait pas la prétention outrecuidante et folle de vouloir continuer la Monarchie ; si elle ne visait pas,
comme les rois, à la domination ; si elle ne réservait

pas au clergé des cultes reconnus les munificences de
son budget et les faveurs de son libéralisme ; si les prêtres catholiques en étaient réduits, comme le père
Hyacinthe, à vivre sur la piété des fidèles ; s'ils étaient
obligés de faire construire des églises, sous peine
de célébrer les cérémonies de leurs cultes dans une
ancienne salle de spectacle ou de café-concert, comme
la Tertullia, les Folies-Montholon, ou les Folies-
Bergère ; s'ils n'avaient pas le monopole exclusif
de la liberté absolue de réunion, de la prédication
publique et des cérémonies extérieures ; si tous les
cultes avaient, comme aux États-Unis, leurs ministres indépendants ; si toutes les religions, quelles
qu'elles soient, anciennes ou modernes, ridicules ou
touchantes, étaient aussi largement respectées, que
strictement enfermées dans leurs églises particulières ; si, enfin, le clergé catholique cessait d'être
officiellement protégé contre toute concurrence ; s'il
n'était plus breveté *a. g. d. g.*, contrairement à tous
les usages et à toutes les règles, le cléricalisme ne
serait plus qu'une entreprise privée, parfaitement
inoffensive, présentant comme toutes les entreprises
humaines, même quand elles ont Dieu pour objet,
des avantages et des inconvénients ; il aurait un
droit absolu au respect du gouvernement, qui n'a
mission ni de juger, ni de rectifier les erreurs des

hommes, et il ne pourrait, à aucune espèce de titre,
être dénoncé sans rire comme un danger public.

Le cléricalisme, d'ailleurs, vit de la guerre qu'on
lui déclare, il fait ses choux gras des foudres oratoires qu'on lui lance. Ce n'est pas un ennemi sérieux.
Ce serait plutôt un compère. Bien autrement dangereux que le cléricalisme sont les hommes qui, après
avoir persuadé au suffrage universel qu'ils seraient
toujours fidèles à la Liberté, et après avoir prêté
serment de travailler leur vie durant à la fonder,
cessent tout à coup de mettre à son service leur éloquence, leur influence, leur autorité, et dépensent
leur habileté à donner le change à la Démocratie,
dès que leur appétit personnel est satisfait. Plus
que le cléricalisme par ses menées et ses prédica-
tions, ces hommes démoralisent le Peuple par leurs
palinodies. Ils lui apprennent à douter de la bonne
foi, de la justice et de la vérité. Plus que la robe
noire des curés et le chapeau de Basile, leur politique
à double face fait reculer le progrès. Le danger, c'est
la déception dont ils sont la cause, c'est la lassitude
et le dégoût d'un système qui donne le contraire de
ce qu'il a promis ; c'est l'abstention qui, d'abord,
ordonnée par la loi, finit par s'infiltrer dans les
mœurs publiques, les corrompant, éloignant les
orateurs de la tribune, les écrivains de la presse

et les électeurs de l'urne. Le danger, c'est l'in-
différentisme politique. C'est le seul qui doive
et qui puisse jamais être dénoncé par les patriotes
dans la République démocratique. Si dans la République démocratique on pouvait faire une loi
portant atteinte à la liberté individuelle, il faudrait,
comme chez les Grecs de l'antiquité, décréter la
peine de mort contre quiconque, dans les querelles
publiques, ne prendrait pas parti. Pour éveiller
l'attention publique, pour vaincre l'indifférence,
pour faire de l'agitation, provoquer un mouvement, les Américains ne négligent rien. Discours
en plein vent, meetings sur la place publique, processions dans les rues, musique, retraites aux
flambeaux (1), *flag raising* (2); tous les moyens leur
sont bons, même les plus bruyants, même les plus
gênants pour la circulation. La religion qui, pour

(1) Chaque soir et dans chaque ville on voit défiler de brillantes
processions avec des torches, des drapeaux, de la musique. Les citoyens sont vêtus de costumes éclatants, bleus, blancs ou rouges.
Dans un pays démocratique, le silence sied mal à la politique; il
faut qu'elle soit joyeuse et bruyante....Quand, en Europe, un régiment traverse la rue, toutes les fenêtres s'ouvrent. Les gamins rê-
vent épaulettes et batailles, les femmes sont émues; la foule admire
les soldats et devient belliqueuse à son insu... Supposez un régiment
brillant d'électeurs, musique en tête; la foule le suit; chacun veut
voter, et les peuples endormis renaissent à la vie politique. (*Le
Self-Government et le Césarisme*, 1869.)
(2) Cérémonie de la plantation d'un drapeau.

attirer la foule et pour ranimer le zèle des fidèles, a toujours eu besoin de mise en scène, n'a pas dans la République démocratique le monopole de l'apparat et des pompes éclatantes. Le droit de propagande extérieure est exclusivement réservé à la politique. De même que le suffrage, le culte de la politique est universel. Il est considéré comme une condition essentielle de force et de vertu. Il est déclaré d'utilité nationale. Partout il étale sur la voie publique ses pompeuses cérémonies et ses imposantes manifestations.

CHAPITRE IV

A propos d'une manifestation qui n'a pas eu lieu, mais en l'honneur de laquelle le Gouvernement de la République a mis sur pied toute sa police, un membre du Conseil municipal de Paris, M. Engelhard a prononcé ces paroles : « Pourquoi donc aujourd'hui le Peuple ferait-il une émeute ? *Il n'en a a pas besoin. Il possède le bulletin de vote* qui sert merveilleusement à affirmer sa volonté (1). »

En parlant ainsi, M. Engelhard s'est fait l'écho dans le Conseil municipal d'une opinion très-répandue. Les républicains s'accordent généralement à dire qu'avec le suffrage universel les insurrections sont inutiles et qu'un tour de scrutin peut tenir lieu d'une Révolution. — On entend cette phrase dans toutes les conversations. On la lit dans tous les journaux. Est-elle donc l'expression de la vérité, ou n'est-elle qu'un de

(1) Séance du Conseil municipal de Paris du 24 mai 1880.

ces lieux communs qui finissent par passer pour des vérités, à force d'être redits et ressassés ?

Si la minorité du Peuple avait, comme aux États-Unis, comme en Angleterre et en Suisse, le droit constant de défendre ses opinions et de critiquer par tous les moyens, non-seulement dans les journaux, mais sur la place publique, dans les *meetings,* la Constitution établie par la majorité, si, d'autre part, la majorité du Peuple pouvait, quand elle le veut, par un simple vote, apporter à la Constitution tous les changements qu'elle jugerait opportuns, nul doute que ni la majorité, ni la minorité, ni le Peuple, ni aucune fraction du Peuple n'aurait aucun motif, ni aucune excuse pour en appeler à la force. M. Engelhard aurait raison de dire qu'avec le bulletin de vote le Peuple n'a plus besoin de faire des émeutes. Le Peuple de Paris ne s'insurgerait plus, et si, par hasard, il s'insurgeait, la Nation ne se ferait plus sa complice comme dans toutes les précédentes révolutions ; elle se lèverait tout entière pour réprimer une injustifiable tentative de rébellion. En aucun cas, il n'y aurait plus de révolution.

En sommes-nous là ? La minorité du Peuple a-t-elle sous la République parlementaire le droit de demander par tous les moyens toutes les réformes imaginables à la Constitution, et la majorité du

Peuple a-t-elle le pouvoir de réaliser tout ou partie
des réformes qui lui paraissent nécessaires et ur-
gentes?

Sur le premier point, pas de difficulté. La minorité ne possède pas le droit absolu de critique
et de propagande dans la presse délivrée de toute
entrave et dans les réunions publiques affranchies
de toute surveillance. Il lui est interdit d'organiser
pour ou contre la Constitution, pour ou contre
l'Amnistie, aucune de ces manifestations, comme
on en voit chaque jour dans la monarchique Angleterre ou dans la libre Amérique. Mais, à cet égard,
nous ne voulons pas insister. Depuis longtemps la
question est résolue en principe, si elle ne l'est pas
en fait. Les républicains chez lesquels l'exercice ou
le voisinage du pouvoir n'ont pas encore oblitéré le
sens politique, sont unanimes à revendiquer la liberté
absolue de la presse et la liberté absolue de réunion.

Arrivons donc au second point. Examinons comment le droit de Révision peut s'exercer dans la
République parlementaire.

Un député qui, comme beaucoup de républicains
modernes, se croyait d'autant plus républicain qu'il
voulait plus ardemment transporter dans les institutions républicaines l'infaillibilisme et l'immobilisme monarchiques, proposa un jour à la Conven-

10.

tion de décréter la peine de mort contre quiconque aurait l'audace de jamais demander un changement à la Constitution de la République. Plus humains, les constituants de 1875 ne sont pas allés aussi loin que le demandait ce radical. La Constitution du 25 février 1875 peut être difficilement revisée ; — mais enfin elle peut l'être. A ce point de vue, comme à plusieurs autres, elle est même une des moins mauvaises Constitutions que la France ait jamais eues. Mais, hélas ! ce n'est pas beaucoup dire.

L'artile 10 de la Constitution du 25 février 1875, concernant la Revision, est ainsi conçu :

« Les Chambres auront le droit par délibération séparée prise dans chacune, à la majorité absolue des voix, soit spontanément, soit sur la demande du Président de la République, de déclarer qu'il y a lieu de reviser les lois constitutionnelles.

« Après que chacune des deux Chambres aura pris cette résolution, elles sé réuniront en Assemblée nationale pour procéder à la Revision.

« Les délibérations portant Revision des lois constitutionnelles, en tout ou en partie, devront être prises à la majorité absolue des membres composant l'Assemblée nationale. »

Pour que la Constitution de la République française puisse être revisée, il faut donc et il suffit qu'une majorité d'une voix soit acquise à la Revision dans l'une et l'autre Chambre. On se demande pourquoi le constituant de 1875 a voulu qu'après ce vote les deux Chambres se réunissent en Assemblée nationale, — ce qui n'a jamais lieu aux États-Unis. Il eût été plus simple, il eût peut-être aussi été plus sage de dire que « les deux Chambres auraient le droit, par délibérations séparées, prises dans chacune à la majorité absolue des voix soit spontanément, soit sur la demande du Président de la République, de reviser les lois constitutionnelles. » Il importe, en effet, de faire une remarque qui montre quelle légèreté les Assemblées politiques apportent dans la rédaction des Constitutions. ¡La Constitution étant la loi fondamentale du pays, il semblerait rationnel qu'une majorité plus grande fût exigée pour modifier la Constitution que pour abroger une loi ordinaire, ou pour établir une loi nouvelle. C'est ainsi qu'aux États-Unis les amendements proposés par le Congrès à la Constitution doivent être d'abord votés dans chacune des deux Chambres, à la majorité des deux tiers des voix, et ensuite ratifiés par les législatures des trois quarts des « États », qui elles-mêmes soumettent ces amendements à la ratification populaire. Probablement,

sans le vouloir, les auteurs de la Constitution du
25 février 1875 ont obtenu un résultat tout opposé.
Quand l'Assemblée nationale est réunie, — et elle se
réunit de plein droit, une fois, au moins, tous les sept
ans, pour la réélection du Président, — elle a, pour
reviser la Constitution, ou même pour la détruire,
deux fois et demie plus de facilité que la Chambre des
députés et le Sénat pour établir ou pour abroger la
loi la plus simple. L'article 7 de la loi sur l'enseignement supérieur, par exemple, a été rejeté et définitivement condamné par 148 suffrages (1). Il suffit
que la moitié des sénateurs plus un assistent à la
séance, et que la majorité absolue des sénateurs présents vote contre une loi précédemment adoptée par
la Chambre des députés, pour que cette loi soit repoussée. La majorité absolue du nombre légal des sénateurs étant de 151, l'abrogation des lois contre la
liberté de la presse, contre la liberté de réunion,
contre la liberté d'association, peut être efficacement
empêchée par 151 sénateurs réactionnaires au maxi-
mum, et par 76 au minimum ; tandis que pour empêcher la suppression du Sénat ou de la Présidence, ou
tout autre changement radical dans la Constitution, il
faudrait, le cas échéant, la majorité absolue des

(1) Séance du Sénat du 9 mars 1880.

834 membres composant l'Assemblée nationale, c'est-à-dire au minimum 418 voix.

Cela prouve que la Constitution du 25 février 1875 contient les plus singulières inconséquences, et qu'à tous les points de vue, il est urgent et indispensable de la reviser, mais cela ne prouve pas que la Revision soit trop facile, ni même qu'elle le soit assez, pour que les révolutions violentes ne soient plus à craindre.

Il est aisé de le démontrer.

Je suppose que sous la pression d'une opinion factice, d'une influence individuelle et prépondérante, ou pour toute autre cause, les Chambres attaquent une liberté à laquelle le pays soit profondément attaché, qu'elles suppriment, par exemple, ou la liberté de la presse, ou la liberté d'association, ou la liberté de conscience ou la liberté d'enseignement. Les Chambres ayant abusé de leurs pouvoirs, il pourra très-bien arriver et il arrivera inévitablement, que la majorité du pays finira par reconnaître l'absolue nécessité de réduire, de limiter la puissance parlementaire, de mettre en un mot à l'abri d'un coup de majorité les libertés qui lui sont chères. Comment cette majorité s'y prendra-t-elle pour faire prévaloir sa volonté ? — Elle a le bulletin de vote. Soit. Au moins, faudra-t-il qu'elle prenne patience : 1°jusqu'au

renoùvellement intégral de la Chambre qui a lieu
tous les quatre ans ; 2° jusqu'au renouvellement par
tiers du Sénat qui a lieu tous les trois ans. Si l'on
tient compte des 75 sénateurs inamovibles qui auront
toujours à craindre que l'Assemblée nationale, une
fois réunie, ne supprime leur inamovibilité, et qui,
pour cette raison, sans parler des autres, seront,
selon toute vraisemblance, opposés de parti pris à
toute Revision, on sera forcément amené à reconnaître que le changement du quart des sénateurs
pourra seulement, dans certains cas exceptionnels,
avoir pour effet de modifier la majorité du Sénat.
Mais passons. Prenons l'impossible pour le possible.
Admettons que, matériellement, une période de trois
années et l'élection de 75 sénateurs puissent suffire
pour obtenir un changement de majorité dans le
Sénat. Le jour des élections arrive. L'électeur in-
siste auprès des candidats pour qu'une fois députés ou
sénateurs ils demandent la Revision de la Constitution dans le sens de la réduction des pouvoirs du
Parlement. C'est tout ce qu'il peut faire. L'article 13
de la loi organique du 30 novembre 1875 déclare
« nul et de nul effet tout mandat impératif (1) ».
Naturellement les candidats ne vont pas méconten-

____

(1) La Constitution du 4 novembre 1848 portait, article 35 : « Les
députés ne peuvent recevoir de mandat impératif. »

ter l'électeur. Ils lui donnent de bonnes paroles, et les voilà nommés députés pour quatre ans, ou sénateurs pour neuf ans, sans autre engagement qu'une vague obligation morale. Les uns se rendent au Palais-Bourbon, les autres au Luxembourg. Que vont-ils faire? Tiendront-ils leur promesse? Demanderont-ils la Revision? Est-il prudent, est-il raisonnable, est-il possible de l'espérer? Aussitôt nommés, les députés et les sénateurs, en vertu de la « vieille idée monarchique » et de la tradition parlementaire, ne seront-ils pas tentés de se dire comme les députés à la Convention, comme les représentants de l'Assemblée de 1848 et de de l'Assemblée 1871, comme les membres de tous les Parlements passés, présents et futurs, qu'ils sont investis du plein exercice de la souveraineté? La France était autrefois si bien identifiée dans la personne des rois que Shakespeare appelait le roi de France : France. Le Parlement n'a-t-il pas la prétention d'être à la France de 1880 ce que le roi était à la France de 1680 ? Aux yeux de beaucoup de braves gens, dupes ou dupés, élus ou électeurs, dévots ou athées, le Parlement, encore aujourd'hui, « a une mission providentielle à accomplir ». La limitation des pouvoirs du Parlement pourrait donc avoir pour effet de mettre obstacle à l'accomplissement des desseins de la Providence. Dès lors l'idée

seule de diminuer les prérogatives parlementaires
est sacrilège. Songer à désarmer le Parlement, c'est
conspirer contre la grandeur de la France; c'est
vouloir le désordre; c'est fomenter le trouble;
c'est préparer l'anarchie; c'est combattre la République; c'est faire le jeu des Jésuites; c'est montrer le bout de l'oreille bonapartiste. Des députés
et des sénateurs qui sérieusement se figurent qu'ils
sont les délégataires et les usufruitiers de la
souveraineté du Peuple, considéreront toujours
comme leur devoir le plus strict de ne pas laisser
péricliter entre leurs mains la souveraine puissance, et quand ils auraient promis inconsidérément,
sans y avoir réfléchi, d'abdiquer une partie de la
souveraineté que le Peuple est censé leur avoir déléguée, on peut être assuré qu'ils seront arrêtés
dans l'exécution de leurs promesses par les plus honorables scrupules. Ils prendront pour les susceptibilités de leur honneur de Français, et pour le cri
de leurs consciences de patriotes, les conseils de
l'ambition la plus naturelle et la plus vulgaire, les
suggestions de l'instinct le plus terre-à-terre de possession et de conservation. De la meilleure foi du
monde, ils diront et se persuaderont qu'ils sont
obligés par dévouement patriotique de manquer à
leur parole. La plupart des députés, des sénateurs

et surtout des ministres n'en viennent-ils pas invariablement dans la République parlementaire à renier leurs engagements? En 1869, M. Léon Gambetta, qui n'était plus déjà un enfant, n'a-t-il pas juré obéissance à un contrat dans lequel étaient inscrites la liberté absolue de la presse, la liberté absolue de réunion, la nomination de tous les fonctionnaires par l'élection et la séparation de l'Église et de l'État? M. Jules Ferry n'a-t-il pas demandé et promis la liberté d'enseignement, la destruction de la centralisation administrative, etc., etc.? L'homme politique, si sage et si considéré, qui s'était fait une réputation, en s'efforçant de démontrer aux représentants du Peuple de 1848 l'inutilité, les inconvénients et les dangers de mettre à la tète de la République un Président, n'est-il pas Président de la République? N'est-ce pas le couronnement de sa carrière, son bâton de maréchal? Quand on raisonne sur les Constitutions, il ne faut jamais perdre de vue que la conduite des hommes politiques chargés de les appliquer échappe aux règles de la logique ordinaire et de la morale bourgeoise. Pour obtenir des suffrages qui sont la menue monnaie de la politique, la seule représentation légale et ayant cours de la souveraineté nationale, du patrimoine commun de tous les Français, on voit tous les jours des candidats se vanter d'un pouvoir ou d'un crédit imaginaires, se parer de fausses qualités, promettre, par discours et par serments, ce qu'ils savent ne pas pouvoir ou ne pas vouloir donner, user en un mot de manœuvres qui feraient tomber sous le coup de l'article 405 du Code pénal (1) le négociant, le banquier qui les emploieraient, de bonne ou de mauvaise foi, pour se faire remettre des marchandises, des obligations ou de l'argent. N'est-ce pas un fait indéniable et démontré par l'expérience que, sous le régime parlementaire, les procédés qui mèneraient sûrement l'homme d'affaires en police correctionnelle conduisent directement l'homme politique au ministère?

Que conclure? Qu'il y a mille à parier contre un que les députés et les sénateurs nommés pour faire la Revision combattront la Revision. Ce fameux bul-

(1) La loi du 13 mai 1863, devenue l'article 405 du Code pénal, est ainsi conçue :

« Quiconque, soit en faisant usage de faux nom ou de fausses qualités, soit en employant des manœuvres frauduleuses pour persuader l'existence de fausses entreprises, d'un pouvoir ou d'un crédit imaginaire, ou pour faire naître l'espérance ou la crainte d'un succès, d'un accident ou de tout autre évènement chimérique, se sera fait remettre ou délivrer, ou aura tenté de se faire remettre ou délivrer des fonds, des meubles ou des obligations, dispositions, billets, promesses, quittances ou décharges, et aura, par un de ces moyens, escroqué ou tenté d'escroquer la totalité ou partie de la fortune d'autrui, sera puni d'un emprisonnement d'un an au moins et de cinq ans au plus, et d'une amende de cinquante francs au moins et de trois mille francs au plus. »

letin de vote qui, par sa seule vertu, devait résoudre
la question politique et la question sociale, qui devait rendre inutiles les émeutes et les révolutions,
aura servi à faire de M. Jules Ferry un ministre de
l'instruction publique, de M. de Freycinet un ministre des affaires étrangères ; il aura transformé
M. Arthur Picard en législateur et M. de Baudry
d'Asson en souverain. C'est beaucoup, mais ce n'est
pas assez. Le bulletin de vote n'aura pas, dans tous
les cas, modifié la Constitution ; il n'aura pas rendu
inutile une Révolution.

Par respect pour la majorité du Peuple souverain, je n'examine pas le cas où le Parlement,
qui peut tout ce qu'il veut, quand la Chambre des
députés et le Sénat sont d'accord, et qui commande
à l'armée, comme il commande aux lois, jetterait
son épée dans la balance, et enlèverait une fois de
plus au Peuple tout moyen de propagande et de protestation en proclamant l'état de siège et en suppri-
mant les journaux. Mais ces sombres hypothèses
écartées, tant que la Constitution n'offrira pas à la
Nation le moyen de plier le Parlement à sa volonté,
le danger d'un conflit entre les Chambres rebelles et
la Nation souveraine, quoique légalement impuis-
sante, n'en subsistera pas moins. Robespierre, le
plus célèbre et le plus redoutable théoricien de la

souveraineté des Assemblées, avait vu clairement
l'impasse où l'enfermait son système de l'omnipotence
parlementaire. La Constitution du 24 juin 1793 (1),
qui était son œuvre personnelle, portait dans son
article 115 : « Si, dans la moitié des Départements
plus un, le dixième des Assemblées primaires de chacun d'eux, régulièrement formées, demande la Revision de l'acte constitutionnel ou le changement de
quelques-uns de ses articles, le Corps législatif est
tenu de convoquer toutes les Assemblées primaires
de la République, pour savoir s'il y a lieu de nommer une Convention nationale chargée de reviser la
Constitution. » Mais cette faculté laissée aux Assemblées primaires et que le Peuple n'a plus aujour-
d'hui, de demander la Revision de la Constitution, ne
paraissait pas à Robespierre une garantie suffisante
de l'application du principe qu' « un Peuple a toujours
le droit de revoir, de réformer et de changer sa Constitution (2) ». Le Corps législatif souverain, disposant des tribunaux et de la force armée, peut ne pas
tenir compte de la prescription constitutionnelle.
Aussi, pour résoudre la difficulté, pour mettre le
corps électoral à l'abri du despotisme probable et

(1) Ratifiée par 1,804,918 suffrages.
(2) Constitution du 24 juin 1793. Déclaration des Droits de
l'Homme et du Citoyen, article 28.

inévitable des élus, l'auteur de la Constitution du
24 juin 1793 ne vit-il pas d'autre moyen que de
donner à l'électeur le droit de s'insurger contre le
pouvoir établi par son propre suffrage. Malgré le
bulletin de vote que le Peuple possédait alors,
comme il le possède aujourd'hui, Robespierre se crut
obligé d'inscrire en tête de sa Constitution cette
Déclaration fameuse qui, même abrogée, n'a jamais
cessé de dominer nos institutions, et qui peut être
considérée comme la loi des lois successivement
promulguées en France depuis quatre-vingts ans :

« Quand le Gouvernement viole les droits du
Peuple, l'insurrection est pour le Peuple et pour
chaque portion du Peuple le plus sacré et le plus indispensable des devoirs (1). »

(1) Constitution du 24 juin 1793. Déclaration des Droits de
l'Homme et du Citoyen, article 35.

CHAPITRE V

Pour que le Peuple ne soit plus obligé dans l'avenir d'avoir recours au moyen suprême prescrit par la Constitution du 24 juin 1793, pour que le bulletin de vote ne soit pas entre ses mains une arme inerte, un pistolet de paille, il ne faut pas seulement que le Peuple fasse la Constitution, il faut que, l'ayant faite, il puisse constamment la reviser.

Dans la République démocratique des États-Unis, la Revision peut d'abord avoir lieu par le Parlement comme en France.

« Le Congrès, dit l'article 5 de la Constitution américaine, toutes les fois que les deux tiers des deux Chambres le jugeront nécessaire, proposera des amendements à la Constitution qui, pour faire partie de cette Constitution, devront être ratifiés par les trois quarts des États... » La Chambre des députés est intégralement renouvelée tous les deux ans. Le Sénat est renouvelable, par tiers

également, tous les deux ans. Il n'y a pas de sénateurs inamovibles. Rien enfin n'empêche les électeurs d'imposer aux candidats l'obligation de
proposer des amendements à la Constitution. La
Constitution faite par le Peuple ne permet naturellement pas aux mandataires, aux serviteurs. du
Peuple, d'intervertir les rôles; de se moquer des
règles les plus élémentatres de la logique, de la morale, de l'équité ; d'interdire au Peuple de leur donner
des ordres ; de s'arroger enfin, comme les constituants
de 1848 et comme ceux de 1875, par une disposition législative, en raison de leurs susceptibilités de
conscience, le droit de ne pas tenir compte de la volonté de leurs mandants. Loin d'être interdit, le
mandat impératif est considéré comme la conséquence la plus naturelle et la plus nécessaire du droit
de suffrage. Le mandataire qui manque à ses engagements, sous quelque prétexte que ce soit, est immédiatement mis à l'index. Vainement il se repré-
senterait à nouveau devant n'importe quel collège
électoral sur tout le territoire de la République. Il
est banni de la politique à perpétuité. Aussi ne
voit-on pas les élus du Peuple américain, fonctionnaires, députés, sénateurs et Président, mettre leur
orgueil à fouler aux pieds les serments qu'ils ont
solennellement prêtés. Ils ne rougissent pas d'être

fidèles à leurs engagements, ils s'en font gloire.

La Revision de la Constitution dans la République démocratique peut encore avoir lieu par l'initiative directe de la Nation. « Sur la demande des deux tiers des législatures des divers « États », dit l'article 5 de la Constitution des États-Unis, le Congrès convoquera une Convention pour proposer des amendements qui seront valables à tous égards comme partie de la Constitution, dès qu'ils auront été ratifiés par les législatures des trois quarts des divers « États », ou par les trois quarts des Conventions formées dans le sein de chacun d'eux, selon que l'un ou l'autre mode de ratification aura été prescrit par le Congrès. » Toutes les fois qu'il s'agit d'apporter à la Constitution des modifications fondamentales, la réunion de la Convention est de règle. C'est, nous l'avons dit, par une Convention que l'ancienne Constitution des États-Unis a été réformée et remplacée par la Constitution actuelle. C'est par le même moyen que les trente-huit « États » de la République américaine, qui tous ont leurs Constitutions particulières, introduisent dans ces Constitutions de fréquents changements. Dans la plupart des « États », le droit de convoquer la Convention sur la demande des électeurs appartient à la législature. Cependant, dans la Pensylvanie et dans le Vermont, des censeurs sont élus

tous les sept ans pour examiner si la Constitution
a été régulièrement observée par les pouvoirs constitués, et si l'expérience n'a pas fait sentir la nécessité de certaines modifications constitutionnelles.
Dans l'un et l'autre cas, ils convoquent la Convention (1). Ailleurs le Peuple est de droit consulté
à des époques fixes sur la question de savoir s'il y
a lieu de reviser la Constitution. Cette consultation
a lieu dans l' « État » d'Indiana tous les douze
ans ; dans l' « État » de New-Hampshire tous les
sept ans. Enfin, dans la Géorgie, lorsque la majorité
des Comtés (2) demande la Revision par voie de
pétition, la Convention est de droit convoquée.

Comme tous les Américains, Jefferson reconnaissait au Peuple le droit imprescriptible et permanent
d' « envoyer des représentants à une Convention et
d'établir par ce moyen les lois constitutionnelles
qu'il juge le plus convenable à ses intérêts ». Afin
de connaître sur ce point important la volonté du
Peuple , il proposait que, sur la demande d'un
certain nombre de citoyens, le maire, ou tout
autre fonctionnaire élu de la Commune, réunît les

(1) *Essai sur les Mémoires de Jefferson,* par L.-C. Conseil, t. I,
p. 92.
(2) Le Comté, aux États-Unis, est une circonscription administrative qui tient à la fois du canton et de l'arrondissement français.

électeurs, leur soumît la question, recueillît les votes
par *oui* ou par *non*, transmît le résultat à la cour de
Comté (1), qui elle-même ferait connaître au gouvernement les votes de toutes les Communes placées
sous sa juridiction. Il était tellement persuadé de la
nécessité des Revisions fréquentes qu'il ajoutait :
« Ainsi la voix du Peuple serait pleinement, loyalement et paisiblement exprimée... Si l'on ferme cette
issue aux griefs de ceux qui souffrent, ils se feront
jour par la violence, et nous tomberons, comme le
font d'autres peuples, dans un cercle fatal d'oppression, de révoltes et de réformes ; puis d'oppression,
de révoltes et de réformes encore ; et ainsi de suite,
indéfiniment (2). »

Le jour où nous voudrons reviser la Constitution
du 25 février 1875 et la mettre en harmonie avec le
principe de la souveraineté nationale, c'est aussi par
la convocation d'une Convention que nous devrons

---

(1) Dans la République suisse, lorsque 50,000 citoyens ayant le
droit de vote demandent la revision de la Constitution par voie de
pétition, le Peuple suisse est appelé à décider par un plébiscite s'il
y a lieu de procéder à la revision. Dans le cas où les *oui* sont en
majorité, les deux branches de l'Assemblée fédérale sont renouve-
lées pour travailler à la revision. Les amendements à la Constitution
sont ensuite soumis à la ratification du Peuple et des cantons.

(2) *Mémoires de Jefferson*, t. II, p. 289. La plupart des « États » ont
successivement adopté le mode de procéder recommandé par Jefferson.

procéder. Jamais le Parlement ne donnera à la Démocratie française une Constitution démocratique et républicaine. C'était autrefois l'opinion de M. Édouard Laboulaye. M. Édouard Laboulaye soutenait avec beaucoup de compétence et de talent qu'en dehors du système américain de la Convention il était impossible d'établir aucune Constitution valable, ni viable. Dans une étude publiée en 1871 sur le *Pouvoir constituant,* il disait : « L'opinion ignorante et prévenue accepte l'omnipotence d'une Assemblée comme le triomphe de la volonté populaire. On croit fonder la Liberté en livrant à quelques députés tous les droits de l'homme et du citoyen. Malgré l'échec de 1789, malgré la terrible et récente leçon de 1848, je ne connais pas un publiciste dont la foi soit ébranlée (1)... » Si M. Laboulaye, sénateur, membre de l'Institut, professeur au Collège de France et publiciste éminent, se préoccupait davantage de ce qui se passe dans son propre pays, il saurait que les journaux qui ont été successivement dirigés par l'auteur de ces lignes n'ont jamais cessé de combattre l'omnipotence des Assemblées, et que l'*Électeur libre,* la *Vérité,* la *Constitution,* le *Corsaire* et l'*Avenir national,* dont l'importance et l'influence

____

(1) *Questions constitutionnelles,* p. 491.

n'ont jamais été contestées par personne, ont constamment réclamé la nomination d'une Convention
spécialement élue à l'effet d'élaborer un projet de
Constitution républicaine et démocratique devant être
soumis à la ratification du Peuple. Que M. Édouard
Laboulaye en fasse donc autant ! Il est sénateur ina-
movible, nommé non par le Peuple, seul et unique
souverain comme il le dit si bien, mais par le Sénat,
en vertu d'une Constitution qui a été établie contrairement à toutes ses idées, qui n'a jamais été soumise à la ratification du Peuple, qui a été votée
par une Assemblée incompétente et omnipotente.
Lui-même a déclaré que cette Constitution qui a
fait de lui un sénateur ne pouvait être qu'une
« œuvre informe » et « non viable ». Qu'il nous
donne le spectacle inouï d'un homme politique
français fidèle à ses principes ! Comme sénateur,
et en vertu du droit d'initiative parlementaire,
il peut demander la réunion du Congrès et la réforme totale de la Constitution. Qu'il propose dans
le Parlement, comme nous l'avons fait dans la presse
en 1870, en 1871, en 1872, en 1873 et jusqu'à la
veille de la suppression de l'*Avenir national*, la
réunion d'une Convention spéciale pour soumettre
au pays les modifications constitutionnelles dont la
science, l'expérience et la raison auront démontré

l'utilité : nous nous engageons à soutenir sa proposition, et à faire reparaître tout exprès pour cela un des journaux que l'état de siège nous a supprimés.

L'opinion de M. Édouard Laboulaye, quand il n'était pas sénateur, était aussi l'opinion de Robespierre, quand il n'était pas dictateur. En 1791, le trône du « tyran » n'avait pas encore été renversé ; Robespierre siégeait comme simple député à l'Assemblée nationale constituante. Comme M. Léon Gambetta, quand il n'était alors que député au Corps législatif, et comme M. Édouard Laboulaye, quand il n'était que publiciste, Robespierre défendait alors les doctrines les plus démocratiques et les plus pures. Au cours de la discussion du titre VII de la Constitution du 14 septembre 1791, celui qui plus tard devait se montrer le plus intraitable partisan de la souveraineté et de la tyrannie parlementaires , le futur Président de la Convention prononçait ces paroles précisément citées par M. Édouard Laboulaye :

« Les Conventions nationales ne doivent pas seulement être appelées pour changer la Constitution dans son entier, ni la réformer dans une partie ; il est une troisième fonction des Conventions , c'est d'examiner si les pouvoirs constitués n'ont pas franchi les bornes qui leur avaient été prescrites, et de les y faire rentrer. Dans ce cas, comment espère-t-on que le Corps législatif, qui aura usurpé des pouvoirs qu'il ne devait pas exercer, appelle lui-même une Convention pour réprimer l'abus dont il profite? Ne faut-il pas alors à la Nation un moyen d'avoir des Conventions nationales indépendantes du Corps législatif lui-même ? *Les ordonner autrement, ne serait-ce pas anéantir le principe de la souveraineté nationale pour en revêtir le Corps législatif? La souveraineté de la Nation consiste à pouvoir réprimer, quand elle le veut, les usurpations des pouvoirs constitués* (1). »

Depuis 1791, les évènements ont marché malgré les gouvernements et malgré les parlements, mais la science politique n'a pas fait un pas. Les institutions politiques sont aussi informes aujourd'hui qu'elles l'étaient au moment de la chute de la Monarchie. Ce qui était à faire il y a cent ans est encore à faire maintenant. Pour que la République parlementaire, qui n'est pas « viable », devienne une République démocratique qui, comme la République des États-Unis, défie l'instabilité des choses humaines ; pour sortir du cercle fatal des révolutions, pour achever la Révolution, qu'avons-nous à faire? Quel

____

(1) *Moniteur*, t. IX, p. 555, cité par Éd. Laboulaye : *Questions constitutionnelles*, p. 172.

est le meilleur moyen, le seul peut-être, en tout cas le plus sûr ? N'est-ce pas d'adopter la méthode toujours expérimentée avec succès depuis plus de deux siècles aux États-Unis ? N'est-ce pas d'en revenir aux principes posés par Robespierre en 1791 et défendus en 1871 par M. Édouard Laboulaye ? Comme les hommes, les mots et les choses ont leur fatale prédestination. La Convention a inauguré la Révolution en détruisant la Monarchie : qui sait si l'avenir ne réserve pas à une Convention de fermer cette Révolution en fondant la République démocratique ? Au lieu de nous entêter dans un système condamné par les plus lamentables expériences, au lieu de solliciter du Parlement une Revision qui ne sera jamais qu'un replâtrage, ne serait-il pas plus sage et plus patriotique d'exiger la convocation d'une Convention spéciale, d'une Convention dans le sens américain, dans le sens propre et originel du mot ?

Le jour où nous voudrons une République qui soit une République, nous nommerons une Convention qui soit une Convention (1).

______

(1) Par dérivation, on donne le nom de « Convention », en Amérique, aux comités chargés de diriger les affaires des divers partis politiques. Depuis 1831, on appelle aussi « Conventions » les réunions de délégués choisis par le Peuple dans les divers « États » pour préparer l'élection présidentielle, lancer le manifeste du parti, proclamer le candidat à la Présidence et désigner les électeurs présidentiels. Chaque parti a sa « Convention ».

LIVRE II

______

LE POUVOIR LÉGISLATIF

12.

LIVRE II

LE POUVOIR LÉGISLATIF

CHAPITRE PREMIER

LA DEUXIÈME CHAMBRE

L'article premier de la Constitution du 25 février porte : « Le pouvoir législatif s'exerce par deux Assemblées : la Chambre des députés et le Sénat. »

Les chefs du parti républicain officiel ne paraissent pas avoir sur cette question d'une deuxième Chambre une doctrine plus arrêtée que sur la question du pouvoir constituant. Tout est incohérence et inconséquence dans leur conduite politique. L'honorable M. Clémenceau rappelait, le 11 avril 1880, au cirque Fernando, qu'à l'Assemblée constituante de 1848, qui était composée de 700 membres, la proposition d'établir une seconde Chambre avait été repoussée par 539 députés, parmi lesquels on remarquait MM. Dufaure, Jules Simon, Ferrouillat, Jules

Grévy, Leblond, Victor Lefranc, Girard, Waldeck-Rousseau. Depuis, en 1873, dans l'Assemblée de Versailles, la plupart des républicains actuels, notamment MM. Lepère, Magnin, Tirard, etc., votaient contre une proposition analogue, et M. Léon Gambetta s'écriait à ce propos :

> A aucun degré nous ne saurions nous associer à la création d'une deuxième Chambre, qui ne peut s'expliquer, permettez-moi de vous le dire, que par de très-mauvais desseins contre le suffrage universel...
>
> Vous consulterez le pays, et lorsque le pays aura répondu, lorsqu'il aura créé une Assemblée aussi souveraine que la vôtre, vous voulez que cette Assemblée puisse rencontrer devant elle une autre Assemblée antérieure, supérieure, investie avant elle du droit de reviser ses décisions, de refaire ses lois, et peut-être, car on va encore plus loin, du droit de la dissoudre. C'est-à-dire que ce que vous n'avez pas voulu pour vous, ce que vous ne consentiriez jamais à faire, vous le décidez par avance pour des élus que vous ne connaissez pas, dont vous ferez peut-être partie.
>
> Contre qui prenez-vous ces précautions? Contre la France, contre la Démocratie, contre le suffrage universel.

Deux ans plus tard, en 1875, M. Léon Gambetta, voulant défendre la Constitution qu'il avait votée et fait voter, se vit obligé de prendre en main la défense de l'institution qu'il avait toujours combattue. Un beau jour, en plein Belleville, il déclara que le Sénat serait « le Grand Conseil des Communes de

France ». Dans un pays où la Commune, n'étant
qu'une simple division administrative, ne peut avoir
aucun intérêt, ni aucune prétention à participer, en
tant que Commune, au gouvernement de la Nation,
ce mot n'était qu'un mot. Il n'en fit pas moins fortune. Il rendit à l'institution d'une deuxième
Chambre un crédit passager, — jusqu'au jour récent où les sénateurs ont commis la grave impru-
dence de rejeter le fameux article 7 de la loi
sur l'enseignement supérieur précédemment votée
par la majorité républicaine de la Chambre des
députés. Depuis lors, il n'est plus question dans
les journaux du parti républicain que de supprimer le Sénat. On dit à la Démocratie, trop dé-
pourvue jusqu'à ce jour de moyens de s'instruire
et de s'éclairer, qu'avec une seconde Chambre, il
n'y a pas de liberté ni de progrès possible, et la
Démocratie le croit, comme elle a failli croire que
le Sénat serait le grand conseil des Communes de
France.

Il serait cependant temps de ne plus se payer de
mots contradictoires et de raisonner sérieusement.

Finissons-en d'abord avec le préjugé courant qui
veut que l'on condamne *à priori* l'institution d'une
seconde Chambre, sous le prétexte que les Sénats
impériaux et les Chambres des Pairs, nommés par

l'empereur ou par le roi, se sont faits à diverses époques les complices du despotisme impérial ou monarchique. Cette complicité était chose naturelle. En agissant autrement, en faisant preuve de libéralisme, les Sénateurs de l'Empire ou les Pairs de France de la Monarchie, auraient menti à leur origine et manqué à leur mission. Leur servilisme ne prouve absolument rien contre le principe en lui-même d'une deuxième Chambre, ou, pour mieux dire, contre l'institution d'une seconde Assemblée qui ne serait pas nommée par un monarque.

On a dit en faveur de l'institution d'une deuxième Chambre que dans un pays où tous les pouvoirs seraient concentrés dans une Assemblée unique, et dont le mandat serait fréquemment renouvelé, la politique pourrait manquer de suite, d'unité, et que, dans cette hypothèse, les changements subits de majorité pourraient avoir, notamment sur les affaires extérieures, un fâcheux contre-coup. Il est impossible, en effet, de se dissimuler que dans une Démocratie, surtout dans une Démocratie centraliste comme la Démocratie française, le suffrage universel peut, à de certaines heures, subir des entraînements plus passionnés que réfléchis. Il n'est pas un Français de quelque mémoire et de

quelque bonne foi qui puisse le contester. On peut
invoquer, d'autre part, à l'appui de cette opinion,
l'exemple de l'Amérique. Si la Démocratie des
États-Unis a dans le monde tant de prestige
et d'autorité, elle le doit en grande partie, il ne
faut pas s'y tromper, à son Sénat. C'est lui qui,
malgré toutes les excitations, a su maintenir iné-
branlable cette admirable politique extérieure, si
indépendante et si fière, qui, sous le rapport de la
grandeur et de la continuité, n'est comparable qu'à
la politique légendaire des Sénats de Rome et de
Venise, et qui devrait servir de modèle à toutes les
républiques soucieuses de leur dignité et de leur
avenir. Dans la République américaine, où les ministres ne forment pas un cabinet responsable, et où
il n'y a pas de conseil d'État, le Sénat joue dans un
grand nombre de cas le rôle de conseil du Pouvoir
exécutif. Le Président de la République, responsable de ses agents, a toujours, quand il lui plaît, le
droit de révoquer les ministres et les diplomates (1),

(1) La question du droit de révocation a été définitivement tran-
chée par l'acquittement du président Johnson, que la Chambre avait
mis en accusation parce qu'il avait révoqué le ministre de la guerre
sans avoir pris l'avis du Sénat. Les ministres, les diplomates, les
agents du Trésor, des douanes, des postes et les juges inamovibles
des Cours des États-Unis sont nommés par le Président, mais tous
les fonctionnaires de l'administration régionale et communale sont
nommés par le Peuple.

mais il est obligé de soumettre au Sénat toutes les
nominations qu'il a faites et le Sénat peut ne pas
les ratifier. Alors elles sont nulles et non ave-
nues (1). Le Sénat américain a, en outre, le pouvoir absolu et exclusif de conclure des traités avec
les puissances étrangères (2). Le Président ne fait
qu'entamer les négociations, c'est le Sénat qui
traite, et, à ce propos, il est curieux d'observer que
dans ce pays de publicité à outrance, lorsque le
Sénat discute soit les nominations des fonctionnaires,
soit les questions diplomatiques, ou pour employer
l'expression technique des Américains, chaque fois
qu'il « s'occupe d'affaires exécutives », comme les
Conventions, il délibère en secret (3).

_ On peut aussi soutenir cette thèse qu'il est utile
dans la République démocratique d'établir une

(1) Constitution des États-Unis, art. II, section ii, § 2 :

« 2°... Le Président nommera, *de l'avis et du consentement du Sénat,*
et désignera les ambassadeurs, les autres ministres et les consuls,
les juges de la Cour suprème et tous les autres fonctionnaires des
États-Unis...

« Le Président aura le pouvoir de remplir toutes les vacances qui
pourront se présenter pendant l'intervalle *entre les sessions du Sénat,*
en donnant *des commissions qui expireront à la fin de sa prochaine
session.* »

(2) Constitution des États-Unis, art. II, section ii, § 2 :

« Le Président aura le pouvoir de faire des traités, *de l'avis et du
consentement du Sénat, pourvu qu'ils soient approuvés par les deux
tiers des sénateurs présents.* »

(3) *Le Pouvoir exécutif aux États-Unis,* par Adolphe de Chambrun.

deuxième Chambre pour juger le Président de la
République, les ministres et les autres fonctionnaires qui, dans ce cas, sont mis en accusation par
la Chambre des députés. Aux termes de l'article 12
de la Constitution du 25 février 1875 de la République parlementaire française « le Président de la
République ne peut être mis en accusation que par la
Chambre des députés et ne peut être jugé que par le
Sénat ». « Les ministres peuvent aussi être mis en
accusation par la Chambre des députés pour crimes
commis dans l'exercice de leurs fonctions. En ce cas,
il sont jugés par le Sénat. » Le Sénat peut, d'autre
part, aux termes du même article 12, « être constitué
en Cour de justice par un décret du Président de la
République, rendu en conseil des ministres, pour
juger toute personne prévenue d'attentat commis
contre la sûreté de l'État »; et l'on suppose, — car la
Constitution ne le dit pas, — que le Sénat ainsi
transformé en tribunal d'inquisition pourrait prononcer contre les accusés traduits à sa barre telle
pénalité qui lui conviendrait. Rien de plus vague
que ces mots : « attentats contre la sûreté de l'État. »
— Berryer disait qu'un livre entier ne suffirait pas
à énumérer tous les actes pouvant mériter cette
qualification. — Rien aussi de plus dangereux, rien
de moins justifié que cette puissance judiciaire im-

mense, illimitée, accordée au Président et au Sénat,
c'est-à-dire à deux pouvoirs qui ne sont ni l'un ni
l'autre une émanation directe de la souveraineté
nationale, et qui déjà sont armés du droit exorbitant
de dissoudre la Chambre des députés élus par le
suffrage universel. On devine aisément, sans qu'il
soit besoin d'insister, le parti que pourrait tirer
d'une pareille disposition constitutionnelle, contre
la Constitution, la République et la Liberté, un Président de la République qui serait d'accord avec la
majorité du Sénat.

Ce n'est pas ainsi que les Américains ont com-
pris le rôle de la deuxième Chambre comme Cour
de justice. Ils ont simplement pensé que les fonctionnaires publics, quels que soient leur rang et leur
fonction, étaient susceptibles de commettre beaucoup de fautes qui ne sont pas de nature à donner
prise à des poursuites devant les tribunaux ordinaires. Un fonctionnaire peut, par exemple, ne pas
apporter dans l'accomplissement de ses fonctions le
zèle et l'exactitude nécessaires. Il peut manquer de
tenue ; il peut mener une vie scandaleuse. Sans
tomber sous le coup des lois pénales, il peut se
rendre indigne de rester en fonctions. En pareil cas,
le Président de la République française qui nomme
tous les fonctionnaires, révoque, sur la proposition

du ministre, l'agent qu'il a nommé, et tout est dit.
Mais dans la République démocratique, où les fonctionnaires nommés directement par le Peuple souverain sont inamovibles pendant la durée du mandat
que le Peuple leur a confié, la chose n'est pas aussi
simple. Il est impossible de donner au Président de
la République nommé par le Peuple le droit de destituer des fonctionnaires élus également par le
Peuple. Le Président pourrait abuser de cette préro-
gative; il pourrait opprimer les minorités en révo-
quant les fonctionnaires nommés par elles. Il n'est
pas non plus possible de donner un pareil droit aux
juges nommés aussi par le Peuple. On a donc décidé
que la révocation de tout fonctionnaire civil serait
l'objet d'une procédure spéciale à laquelle on a
donné le nom d'*impeachement*. La nécessité de pourvoir aux jugements de ces causes d'une nature spéciale, purement politiques, est une des raisons pour
lesquelles les Américains ont successivement
adopté dans les trente-huit « États » de l'Union l'institution d'une deuxième Chambre. Le Sénat de
Washington juge les fonctionnaires de l'administration nationale, notamment le Président de la
République, les juges inamovibles et perpétuels de
la Cour suprême, etc; les Sénats des divers « États »
jugent pareillement les fonctionnaires de l'adminis-

tration régionale et communale.' A Washington et
dans les divers « États », la Chambre des députés joue.
alors le rôle de Chambre des mises en accusation.
Le Sénat de son côté se constitue en Cour de justice, sous la présidence du président de la Cour
suprême; mais en aucun cas et contre qui que ce
soit, le Sénat ne peut prononcer d'autre peine que
la destitution. « Les jugements, dit. la Constitution des États-Unis (1), qui sont rendus par le Sénat,
en cas de mise en accusation par la Chambre
des députés, n'auront d'autre effet que de priver
l'accusé de la place qu'il occupe, de le déclarer
incapable de remplir, sous le gouvernement des
États-Unis, aucune fonction à laquelle sont attachés
honneur, profit ou confiance ; mais la partie déclarée
coupable pourra néanmoins être traduite devant les
tribunaux de droit commun. » « Elle sera, ajoute la
Constitution, exposée et sujette à la mise en accusation, à la procédure, au jugement et aux peines ordinaires établies par la loi (2). »

(1) Constitution des États-Unis, art. Ier, section IV, § 7.
(2) En dehors de ces attributions spéciales, le Sénat partage avec
la Chambre des députés le pouvoir législatif, « mais tous les bills
établissant des impôts doivent prendre naissance dans la Chambre
des représentants; le Sénat peut y concourir par des amendements
comme aux autres bills ». Constitution des États-Unis, art. Ier,
section VII, § 1er, de la Confection des lois.

Nous sommes loin de méconnaître les avantages
que peuvent offrir les Sénats dans la République
démocratique, comme conseils du pouvoir exécutif et
comme « tribunal de révocation ». Mais il existe en
faveur de l'institution d'une deuxième Chambre des
considérations d'un autre ordre rarement invoquées,
si toutefois elles l'ont été, et qui sont assurément de
nature à frapper plus vivement encore et plus directement la Démocratie.

Si la Démocratie croit, avec Marat, que les députés
élus par le suffrage universel sont nécessairement
des sages ; avec Saint-Just, qu'ils veulent nécessairement le bien ; avec Robespierre, qu'ils ont
une mission providentielle ; avec M. Louis Blanc,
qu'ils sont l'État lui-même ; avec M. Grévy, qu'ils
sont infaillibles ; si elle compte sur eux pour donner
la liberté et assurer le progrès, la Démocratie a
raison, comme avait autrefois raison M. Gambetta :
l'hypothèse d'une deuxième Chambre est inadmis-
sible. Un Sénat qui pourrait par un vote contraire
empêcher la Chambre des députés de faire le bien,
de donner la liberté, d'accomplir en un mot son
œuvre providentielle, est un Sénat à supprimer. Il
existe des bassins dans le jardin du Luxembourg. A
la première occasion, qu'on y précipite, avec les
sénateurs, l'institution d'une deuxième Chambre !

13.

Mais, si des députés, élus par le suffrage universel pour faire le bien, sont capables de faire le mal, s'ils en ont donné la preuve; si une Chambre unique, librement élue, est capable, comme la Convention, de voter en une seule séance la loi des suspects ou la loi du 22 prairial, et d'ordonner son exécution immédiate ; si l'Assemblée de 1848 a voté les transportations en masse, la loi sur les attroupements — que le gouvernement brandit de nouveau contre le Peuple, — la loi sur les cautionnements de journaux; si l'Assemblée suivante a voté la loi sur les clubs, la loi sur la presse, la loi de 1849 sur l'état de siège, enfin la loi du 31 mai ; si l'Assemblée de Versailles, élue le 8 février 1871, a autorisé et organisé la répression de la Commune; si elle a voté la loi contre l'Internationale, conservé l'état de siège et refusé l'amnistie; si la Chambre actuelle a maintenu la proscription, marchandé l'amnistie, la liberté de la presse, la liberté de réunion, la liberté des manifestations, la liberté d'association et la liberté d'enseignement ; s'il est vrai que les Assemblées souveraines aient surtout usé de leur souveraineté contre la Démocratie, contre le progrès, contre la liberté et contre la sécurité des citoyens, je dis que la Démocratie se trompe et qu'on la trompe. Je prétends que c'est folie à elle

de vouloir donner à une Assemblée unique le droit
de prononcer souverainement sur ses intérêts et
sur ses destinées.

Notre intention n'est pas de soutenir ce qui est
insoutenable. Il ne s'agit pas ici de tendre au Sénat
français, tel qu'il est composé, une perche qui ne
l'empêcherait pas de se noyer. Dans un pays où le
Peuple souverain est la source nécessaire, unique et
permanente de tous les pouvoirs, une Assemblée qui
recrute elle-même une partie de ses membres, est
un contre-sens tel que l'Empire lui-même n'en offrait pas l'exemple. A défaut d'héritiers légitimes
ou adoptifs, le choix du successeur de l'empereur
devait, sous le régime impérial, être soumis à l'approbation du Peuple, tandis que sur les trois cents
membres dont se compose le Sénat, soixante-quinze
sont toujours nommés par le Sénat lui-même. Ces
soixante-quinze sont inamovibles, comme les magistrats de l'Empire, et perpétuels, comme les membres
de l'Académie. Quant aux deux cent vingt-cinq autres
sénateurs, qui se renouvellent par tiers tous les trois
ans, ils sont élus pour neuf années, un tiers de la
vie humaine, par un collège électoral composé,
dans chaque département, « des députés, des conseillers généraux, des conseillers d'arrondissement,
enfin de délégués élus, un par chaque Conseil mu-

nicipal, parmi les électeurs de la Commune (1) ».
Dans ce collège électoral, les conseillers généraux,
auxquels la politique est interdite, l'emportent par
le nombre sur les députés qui font la Constitution,
votent les lois et dirigent la politique générale du
pays. Les conseillers d'arrondissement, qui ne s'occupent que de la répartition des impôts dans l'arrondissement, l'emportent sur les conseillers généraux,
dont la compétence s'étend en matière économique
et financière à tout le Département. Enfin les villages l'emportent sur les villes, et les petites villes
sur les grandes. Les 73 plus grandes villes de France
ont 73 suffrages, les autres Communes en ont
37,475 (2). Paris, Lyon, Marseille, Bordeaux, Lille
et Toulouse, avec leurs trois millions d'habitants,
n'ont pas plus de voix que six Communes rurales
ayant ensemble 600 habitants. Une Commune de
100 habitants marche de pair avec une Commune
de 1,800,000. Chacune a un délégué. L'un sait à
peine lire et écrire. L'autre s'appelle Victor Hugo.
Asnières vaut Paris, mais Asnières et Puteaux sont
à Paris, comme deux est à un.

(1) Loi Constitutionnelle du 25 février 1875, article 4.
(2) *La Constitution française de 1875 étudiée dans ses rapports
avec les Constitutions étrangères,* par MM. Alphonse Bard et Paul
Robiquet. Paris, Ernest Thorin, éditeur.

C'est le comble de l'absurde, de l'arbitraire et de
la fantaisie.

Aux États-Unis, les articles de la Constitution
relatifs au Sénat ont été, comme en France, le résultat d'un compromis. Le Sénat américain renouvelable par tiers tous les deux ans se compose,
pour une population de plus de trente-huit millions
d'habitants, de soixante-quatorze sénateurs élus pour
six années par les législatures des divers « États ».
On peut dire qu'ils sont nommés au second degré, car
toutes les législatures se composent d'une Chambre
des députés et d'un Sénat généralement nommés
l'une et l'autre par le suffrage universel, et dans
les rares « États » où le Sénat a une autre origine,
comme il est toujours moitié moins nombreux que
la Chambre, la majorité ne cesse jamais d'appartenir aux députés directement élus par le Peuple.
Chaque législature nomme deux sénateurs, quelle
que soit la population de l' « État ». C'est à cette condition seulement que les délégués des petits « États »
à la Convention de Philadelphie, qui étaient partisans du système de la Confédération, ont consenti à
voter l'ensemble de la Constitution. Il en résulte une
dérogation formelle aux principes d'égalité qui doivent être la règle des institutions démocratiques, et
qui dominent d'ailleurs toutes les institutions amé-

ricaines. L' « État » de Delaware, par exemple, dont
la population est de 125,015 habitants (1), a dans le
Sénat autant de voix que l' « État » de New-York
avec ses 4,387,444 habitants (2). L'Orégon a 101,333
habitants (3) ; il nomme deux sénateurs, comme la
Pensylvanie, dont la population s'élève à 3,522,050
habitants (4).

Sans doute les « États » américains ne sont pas,
comme nos Départements français, nos Arrondissements et nos Communes, de simples divisions administratives. Ce sont des êtres politiques complètement
organisés, ayant des intérêts à défendre, des droits
à maintenir, une indépendance à sauvegarder, une
autonomie à affirmer. A ce titre, il semblerait qu'ils
aient droit à une représentation spéciale, individuelle, abstraction faite du nombre de leurs
habitants, si, comme on l'a prétendu, l'idéal du
gouvernement républicain était un gouvernement
dans lequel toutes les catégories de citoyens, toutes
les professions, toutes les industries, tous les groupes, tous les Départements, tous les Arrondissements
et toutes les Communes seraient représentés. Telle

(1) Recensement de 1869.
(2) *Ibidem.*
(3) *Ibidem.*
(4) *Ibidem.*

était sans doute la pensée de M. Gambetta, quand il disait que le Sénat devait être le Grand Conseil des Communes de France. Cette conception d'un gouvernement représentatif dans la stricte acception du mot est-elle susceptible d'une réalisation pratique ? Nous ne le croyons pas. Mais il importe peu. Si les représentants du Peuple peuvent dire comme dans la République parlementaire : « Nous sommes le Peuple, nous sommes l'État » ; si tout leur est permis, excepté peut-être de faire un homme d'une femme et une femme d'un homme, comme on pourrait le dire exactement des Chambres françaises, et, comme on l'a dit moins justement du Parlement anglais, auquel il serait, en fait, parfaitement impossible de porter atteinte à la liberté des citoyens protégés par une longue possession, par le self-government et par le jury ; si, en un mot, la République est, comme l'ont tour à tour soutenu Robespierre aux Jacobins et M. Jules Grévy à l'Assemblée constituante, le gouvernement du Peuple par ses représentants, les divers groupes et les différentes catégories de citoyens dont se compose la Nation peuvent, effectivement, avoir intérêt à se faire représenter dans le Parlément souverain, pour être sûrs de ne pas être oubliés ou sacrifiés sans avoir eu la possibilité de faire entendre leurs réclamations : les hommes, pour qu'on ne fasse pas d'eux des femmes, et les femmes, pour qu'on ne fasse pas d'elles des hommes. Mais, si la République est le gouvernement du Peuple par le Peuple; si les représentants du Peuple, députés et sénateurs, sont les commis du Peuple, chargés par le Peuple de faire, au fur et à mesure que le besoin s'en fait sentir, certains règlements dont l'objet est à l'avance strictement limité; si la Liberté est la règle générale et la réglementation la rare exception, la question de la représentation plus ou moins parfaite des citoyens, des industries, des intérêts, des professions et des sexes devient une question d'un ordre très-secondaire; l'institution d'une deuxième Chambre ne doit plus alors être examinée au point de vue de l'intérêt illusoire d'une double représentation, mais au point de vue de l'avantage très-réel d'une double juridiction.

Dans les trente-huit « États » de la République américaine, le Sénat est généralement élu par le suffrage universel, comme la Chambre des députés, et, souvent, par le même collège électoral. On ne peut donc pas dire qu'il représente autre chose que la Chambre, ni même qu'il représente quoi que ce soit. Il est chargé par le Peuple d'une mission spéciale de contrôle, d'examen et de revision. Rien de plus, rien de moins. Répondant au major John Cartwright qui

l'interrogeait sur les principes de la Constitution des
États-Unis, Thomas Jefferson écrivait le 5 juin 1824 :
« A l'égard du pouvoir législatif, l'avantage de soumettre les questions à deux délibérations succes-
sives nous a paru démontré par l'expérience. »
Et Jefferson se plaignait que dans certains « États »
on ait méconnu le droit naturel « en faisant de la
seconde Chambre une *représentation des propriétés,
et non des hommes* (1) ». De son côté M. Alexis de
Tocqueville, celui de tous les Français qui a le mieux
connu la République américaine, exprime la même
opinion dans la *Démocratie en Amérique :* « Diviser
la force législative... *créer un tribunal d'appel pour
la revision des lois,* tels sont, dit-il, les seuls avantages qui résultent de la Constitution actuelle des
deux Chambres aux États-Unis. »

Ce que nous défendons, ce n'est donc pas le Sénat
français, ni même le Sénat américain, au moins
celui de Washington, c'est l'institution d'une seconde
Chambre. Ce que nous combattons, ce que nous avons
toujours combattu, c'est l'institution d'une Chambre
unique jugeant en dernier ressort. Quand les Chambres françaises issues du suffrage universel ont fait
une loi, quatre-vingt-dix-neuf fois sur cent, cette loi
a été la condamnation d'une liberté, d'un droit naturel ou d'un progrès. Le condamné en police cor-

14

rectionnelle a l'appel et le pourvoi en cassation. Il
reste au condamné à mort le pourvoi en cassation et
le recours en grâce. Au nom de la Liberté, au nom
du Progrès, au nom du Peuple, nous demandons
contre le législateur qui supprime ou restreint la
liberté, qui ordonne la répression, qui condamne
les citoyens en masse à la transportation ou à la
déportation, au moins les garanties que possède le
crime contre le juge qui condamne à la prison le
voleur, à l'échafaud l'assassin.

En 1874, le publiciste qui écrit ces lignes avait
fait reparaître un journal supprimé par l'état de
siège. Les artistes qui occupaient à cette époque
la scène gouvernementale, MM. de Broglie, Léon
Renault, Pâris et autres, usaient contre la presse
de la juridiction ordinaire ou du sabre de l'état
de siège, à leur volonté, et selon leur fantaisie. Ce
jour-là, de bonne humeur, sans doute, ils me tra-
duisent en police correctionnelle. Naturellement
la 7e chambre s'empresse de me condamner à
8,000 francs d'amende. Je vais en appel. Devant la
Cour, je défends la même thèse qu'en première
instance. Je soutiens que l'état de siège peut bien
empêcher par la force un journal de paraître, mais
que là s'arrête son droit, et qu'un journal supprimé
par l'état de siège, qui essaye de continuer sa pu-

blication malgré l'état de siège, ne commet ni un crime, ni un délit, ni une contravention. La Cour confirme le premier jugement avec des considérants désagréables. Il me reste la Cour de cassation. Là ma thèse soutenue par un avocat de talent finit par triompher. Je suis renvoyé devant la Cour d'Orléans, qui m'acquitte. La morale de cette aventure judiciaire, c'est que si la 7ᵉ chambre avait été unique et souveraine, j'aurais bel et bien payé mes 8,000 francs d'amende.

Que la Démocratie ne se laisse donc pas égarer par les déclamateurs qui veulent rayer de la Constitution la deuxième Chambre, sous le prétexte que le Sénat, qui siège actuellement au Luxembourg, est un Sénat clérical et réactionnaire. A ce compte-là, il faudrait bien plutôt repousser l'idée d'une Chambre unique, car si des Assemblées ont été cléricales et réactionnaires, entre toutes, ce sont bien les Assemblées uniques de 1848 et de 1871. N'écoutons pas ces sophistes, aux yeux desquels une institution devient suspecte, dès que leurs adversaires en profitent, qui suppriment la liberté d'enseignement par peur des Jésuites, et qui interdisent aux veuves et aux enfants de porter des couronnes sur les tombes de leurs maris et de leurs pères, dans la crainte que les cléricaux, encouragés

par l'exemple, ne forment aussitôt de longues processions pour monter à l'assaut de la société civile
armés de cierges et de goupillons. Dans la République démocratique, une deuxième Chambre est
utile, une deuxième Chambre est nécessaire, précisément pour empêcher que la liberté de quelques-
uns puisse à un moment donné, en quelques
heures, et sans recours possible, l'emporter, sur la
liberté de tous, la seule qui ne soit pas un piège et
un mensonge. Qu'on donne à cette deuxième
Chambre le nom de Sénat ou tout autre ; qu'elle
soit élue par le même collège électoral, avec un
mandat d'une durée différente, ou bien avec un
mandat d'une durée égale, mais avec un collège
électoral différent, plus ou moins étendu, par
exemple, peu importe ! Ce qu'il faut, c'est que par la
presse, par les réunions, par les pétitions, l'opinion
publique ait la faculté d'en appeler de la décision
d'une Chambre à la décision d'une autre Chambre,
c'est qu'au-dessus de la première juridiction législative, il y ait une deuxième juridiction d'appel et de
revision ; c'est que si la Liberté doit être condamnée,
elle ait, au moins, avant sa condamnation, le moyen
de se défendre et le temps de maudire ses juges.

CHAPITRE II

Tout le monde reconnaît l'utilité d'une première Chambre, aussi bien sous la Monarchie que sous la République. Dans les Démocraties, comme la France, les États-Unis et la Suisse, chacun admet, en outre, que l'Assemblée chargée d'établir le budget et de voter les impôts doit tirer son origine de l'élection par le suffrage universel. On ne diffère d'opinion que sur l'application de ce principe.

Nous ne voulons pas traiter ici la question du scrutin uninominal et du scrutin de liste, seuls expérimentés en France jusqu'à ce jour ; nous ne voulons pas non plus discuter les avantages ou les inconvénients des divers autres modes de scrutin si nombreux que l'esprit peut concevoir et dont plusieurs ont été déjà expérimentés en Angleterre, aux États-Unis et ailleurs (1). Le scrutin de liste a l'in-

(1) Parmi ces divers modes de scrutin, on peut citer : 1° *Le Vote limité*. Lorsqu'un collège a plusieurs députés à nommer, quatre

14.

convénient d'éloigner l'élu de l'électeur, de le soustraire à son impulsion et à son contrôle. Mais le
scrutin uninominal, tel qu'on le pratique actuellement dans la République française, donne lieu à des
critiques plus sérieuses encore. Aujourd'hui les
députés sont moins les élus du Peuple Français que
les élus des Arrondissements. « Chaque Arrondissement administratif, dit la loi organique du 30 novembre 1875, nommera un député. » L'Arrondissement de Barcelonnette qui a 16,000 habitants, et tel
Arrondissement qui en a 100,000 sont égaux devant
le scrutin. Chacun d'eux a son député. Pour renverser un ministère, pour supprimer une liberté, pour
voter des impôts, pour déclarer la guerre, pour refuser l'amnistie, la voix de l'un pèse autant que celle de
l'autre. Est-il besoin de dire que, dans la République
démocratique rationnelle, les députés chargés de
voter la loi doivent être les députés du Peuple, c'est-
à-dire que l'élection des députés ne doit pas avoir
pour base une division administrative purement arbi-

par exemple, chaque électeur n'a le droit de voter que pour trois
candidats; le vote limité a été mis en pratique en Angleterre et
dans plusieurs États de l'Amérique; 2° *Le Vote libre* ou *cumulatif*.
Dans un collège ayant à nommer quatre députés, chaque électeur
peut répartir ses suffrages, comme il le veut, et les donner tous au
même candidat. Il est en usage en Angleterre pour l'élection des
commissions scolaires et aux États-Unis dans plusieurs « États ».
Voir *Lois et Mœurs républicaines,* par Léon Donnat.

traire, mais la population elle-même, et que tous ils
doivent être nommés par un nombre égal d'électeurs? Dans la République américaine, le Congrès
fixe tous les dix ans le nombre total des députés à
élire sur toute l'étendue de l'Union. On divise ensuite par ce nombre le chiffre représentant la population des États-Unis. Le quotient de la division
sert de base pour fixer le nombre de députés à nommer dans chaque « État ». Quant au mode d'élection,
la Constitution dit « qu'il sera dans chaque « État »
réglé par la législature, mais que le Congrès pourra,
par une loi, changer ces règlements ou en faire de
nouveaux (1) ». Si le législateur français n'avait pas
exclusivement en vue le succès éclatant de certaines personnalités, il ferait sagement d'adopter
ce système, de fixer le nombre des députés à
élire dans chaque Département, et de laisser aux
Conseils généraux le soin de fixer le mode d'élection
et les circonscriptions électorales. Les Départements
pourraient ainsi successivement tenter des expériences qu'il serait impossible de faire sur toute
l'étendue du territoire, et qui permettraient bientôt
de découvrir quel est de tous les modes d'élection
imaginés jusqu'à ce jour, ou qui pourraient être ima-

____

(1) Article Ier, section vi, § 1.

ginés par la suite, le plus rationnel et le plus normal.

Une autre différence à signaler entre la Chambre des députés de la République démocratique des États-Unis, et la Chambre des députés de la République parlementaire française, c'est que les députés du Peuple américain sont moitié moins nombreux que les députés des Arrondissements français. La pratique a démontré aux Américains, comme aux Européens et à tous les peuples capables de comparaison et d'observation, que la première condition d'une bonne administration était de restreindre autant que possible le nombre des administrateurs et de les payer largement. Aussi, pour une population de 38,925,598 habitants, la Chambre des députés de Washington n'est-elle actuellement composée que de 273 (1) membres qui

(1) Au point de vue des partis, les députés américains se divisaient ainsi pendant la dernière session :

Démocrates	126
Républicains	130
Parti national ou du *greenback*	16
(Le siège du septième district de Missouri vacant.)	1
Total	273

Parmi les membres du *parti national,* neuf votaient avec les républicains et sept avec les démocrates. Les démocrates ont donc toujours une majorité assurée. Il est à remarquer que le Président et toute l'administration, ainsi que la majorité du Sénat, appartiennent au contraire au parti républicain. Les choses n'en vont pas plus mal.

touchent un traitement annuel de 25,000 francs (1),
plus une indemnité de déplacement (2), et une allo-
cation de 625 francs pour frais de bureaux; tandis
que nous avons en France, pour une population de
36,409,259 habitants, une Chambre de 534 députés,
qui ne reçoivent que 9,000 francs par an. En imitant
ici encore les Américains (3), en réduisant de moitié
le nombre des députés et en doublant, en triplant
même le chiffre de leurs appointements, on arrive-
rait plus sûrement qu'avec le scrutin de liste à re-
lever le niveau effrayant de la médiocrité parlementaire.

Un autre condition indispensable pour assurer le
zèle et l'impartialité des députés dans la République
démocratique, c'est de leur interdire strictement
l'exercice de toute fonction publique. Il est illogique
et immoral à la fois que celui qui vote le budget
puisse profiter du budget; que celui qui décide les
traitements puisse se les attribuer; que celui enfin
qui crée la fonction puisse la remplir. Quand Lycurgue donna des lois à sa patrie, dit Jean-Jacques
Rousseau, il commença par abdiquer la royauté.

(1) Le Président de la Chambre a 50,000 francs.
(2) Vingt *cents* par mille.
(3) Les députés qui n'assistent pas aux séances subissent une re-
tenue de 40 francs par chaque absence.

Lorsqu'un citoyen dans la République démocratique aspire à l'honneur de donner des lois à sa patrie, il doit d'abord renoncer à être fonctionnaire. En France, les députés peuvent se donner à eux-mêmes les plus belles places. Ils peuvent être ministres, sous-secrétaires d'État, ambassadeurs, ministres plénipotentiaires, gouverneurs de l'Algérie, préfets de la Seine, préfets de police, magistrats, archevêques, évêques, etc., etc. Les sénateurs peuvent être tout cela, et, de plus, maréchaux, généraux, amiraux, gouverneurs de la Banque, etc.; — et quand ils acceptent ces grasses fonctions, les députés et les sénateurs français ne sont même pas obligés de se présenter à nouveau devant leurs électeurs, comme les membres de la Chambre des Communes d'Angleterre dont on vante à tout propos et hors de propos les institutions et les coutumes parlementaires. Aux États-Unis, la Constitution, faite par le Peuple, ne permet pas aux mandataires du Peuple de disposer à leur profit des deniers du Peuple. « Aucun individu, dit la Constitution, occupant une place sous l'autorité des États-Unis, ne pourra être membre d'aucune des deux Chambres tant qu'il conservera cette place (1). » Comme les autres fonctionnaires,

(1) Constitution des États-Unis, art. Ier, section vi, § 2.

les ministres sont pris en dehors du Parlement. Les députés n'interviennent dans les « affaires exécutives » que pour mettre le Président de la République ou les fonctionnaires publics en accusation (1).

Si dans la République démocratique il est utile d'empêcher les députés de se juger et de se récompenser eux-mêmes, il n'est pas moins essentiel qu'ils comparaissent le plus souvent possible devant le seul juge auquel ils aient à rendre compte de leur conduite politique : le Peuple. Les députés, lorsqu'ils sont nommés pour plusieurs années, sont naturellement portés à s'isoler du corps électoral. Ils se considèrent comme indépendants du Peuple qui les a élus, comme au-dessus de lui. Plus ils ont de temps devant eux, moins ils sont empressés à remplir leur devoir. Nous avons entendu dire à M. Gambetta quand il était encore dans l'opposition : « La meilleure garantie de la fidélité des mandataires du Peuple, c'est la fréquence des élections. » Cette opinion d'une incontestable justesse était aussi celle des plus grands politiques de l'école américaine. Jefferson aurait voulu que la Chambre des députés

____

(1) « La Chambre des représentants aura seule le pouvoir de *mise en accusation pour crime politique.* » (Constitution des États-Unis, art. Ier, section ii, § 5.)

américains ne fût nommée que pour une année. C'est contrairement à son opinion que la durée du mandat des représentants a été fixée par la Constitution à deux années (1), terme relativement court, cependant, si on le compare au mandat des députés des Arrondissements français, qui est de quatre années (2).

Les articles de la Constitution de la République parlementaire française relatifs à la Chambre élue par le suffrage universel contiennent d'ailleurs une autre dérogation au principe de la souveraineté nationale bien plus choquante et bien plus dangereuse. Il n'a pas suffi, en effet, à l'Assemblée de Versailles de fixer à quatre années la durée du mandat des députés, de les faire nommer par les Arrondissements au lieu de les faire nommer par le Peuple; de donner à M. Arthur Picard, député de Castellane, élu par 2,470 voix (3), autant d'influence, autant de poids dans les décisions parlemen-

(1) « La Chambre des représentants se composera de membres *choisis tous les deux ans par le Peuple* des divers « États, » et, dans chaque « État », les électeurs devront avoir les qualifications requises pour les électeurs de la branche la plus nombreuse de la législature de l'« État » (soit la Chambre des représentants). » (Constitution des États-Unis, art. I\ :sup:`er`, section II, § 1.)

(2) « Les Députés sont élus pour quatre ans.

« La Chambre se renouvelle intégralement. » (Loi organique sur l'élection des Députés, du 30 novembre 1875, art. 15.)

(3) Le 27 janvier 1878.

taires qu'à M. Clémenceau, député de Montmartre,
élu par 18,617 voix (1), ou à M. Gambetta, député de
Belleville, élu par 13,912 voix (2); de favoriser exclusivement, par la composition de la Chambre et
du Sénat, l'élément rural; de dénier la capacité
politique des grandes villes; de bafouer le principe de l'égalité politique tant de fois proclamé; de
permettre, par l'élection des soixante-quinze sénateurs inamovibles qui sont élus par le Sénat, l'insolent escamotage et l'audacieuse confiscation des
droits du Peuple souverain ; d'assurer aux habitants
des campagnes, qui ont fait et maintenu l'Empire,
la suprématie sur les habitants des villes, qui ont
fait la Révolution du 28 juillet 1830, du 24 février 1848
et du 4 septembre 1870; de réserver la majorité
dans le Sénat aux plus infimes Communes rurales :
— les auteurs de la Constitution de 1875 ont, de
plus, par l'article 5 de là Constitution, donné au
Président de la République le droit anormal et
exorbitant de dissoudre, sur l'avis de ce Sénat de
campagne, issu de son propre suffrage et du suffrage restreint, la Chambre des députés, le seul des
trois pouvoirs établi par la Constitution qui existe
en vertu d'une élection par le suffrage universel,

(1) Le 14 octobre 1877.
(2) *Ibid.*

15

le seul par conséquent qui soit une émanation directe de la souveraineté nationale (1).

Dans la République démocratique, la Constitution, faite par le Peuple, n'étant et ne pouvant être que la franche et loyale application du principe de la souveraineté nationale, ne contiendra pas une clause qui est la négation de ce principe, une clause qui est un défi de la loi à la raison, une clause qui prévoit, prescrit et réglemente l'insurrection de l'arbitraire contre le droit, des gouvernants contre les gouvernés, du sujet contre le souverain, d'un Mac-Mahon, d'un Broglie et d'un Fourtou contre la Nation. Comme aux États-Unis, la Chambre des députés ne pourra jamais être dissoute en aucun cas. Elle ne sera responsable de sa conduite et de ses votes que devant le Peuple.

Si grande que puisse être l'habileté des opportunistes, elle ne prévaudra pas contre la logique. Ils n'échapperont pas à la fatalité du principe sans lequel ils ne sont rien, et en dehors duquel il ne peut rien exister en France que contradiction, con-

(1) « Le Président de la République peut, sur l'avis conforme du Sénat, dissoudre la Chambre des députés avant l'expiration légale de son mandat.

« En ce cas, les collèges électoraux sont convoqués pour de nouvelles élections dans le délai de trois mois. » (Loi constitutionnelle relative à l'organisation des pouvoirs publics du 25 février 1875, article 5.)

fusion et anarchie. Ils n'étoufferont pas indéfiniment la question politique sous la question cléricale.
Les défauts des Jésuites qu'ils nous dénoncent, aux
applaudissements d'un Bonaparte (1), ne nous empê-
cheront pas de découvrir et de signaler les vices de
la Constitution qu'ils voudraient nous cacher. La
République française vivra, mais à une condition :
c'est que la Constitution prochainement revisée soit
profondément modifiée ; c'est qu'elle devienne rigou-
reusement conforme et harmonique au principe de
la souveraineté nationale ; c'est, notamment en ce
qui concerne les deux Chambres, que le Sénat et la
Chambre des députés procèdent l'un et l'autre du
suffrage universel ; c'est que les Sénateurs et les
Députés soient élus proportionnellement au nombre
des électeurs ; c'est surtout que les Chambres ne
puissent être dissoutes ni l'une ni l'autre, ni l'une
par l'autre. La République française, en un mot,
cessera d'être parlementaire, elle sera démocratique ou elle ne sera pas. Les précédents régimes
étaient, par leur nature même, enfermés dans une
impasse sans autre issue que la révolution. Plus
heureux, nous sommes enfermés dans ce dilemme :
Revision ou Révolution.

(1) *Lettre du prince Napoléon* du 5 avril 1880.

CHAPITRE III

Chez les Juifs, la loi défendait « de manger de
l'anguille et du lièvre, parce que le lièvre rumine et
qu'il n'a pas le pied fendu ». En revanche, elle ordonnait « de brûler les veuves qui, n'ayant pu être
remariées à leurs beaux-frères, s'en seraient conso-
lées avec quelque autre Juif sur le grand chemin ou
ailleurs ». Chez les Spartiates, la loi voulait qu'on
jetât dans le gouffre les enfants mal conformés; elle
encourageait le vol comme exercice d'adresse. A
Rome, la loi des Douze-Tables permettait au créan-
cier d'enfermer son débiteur, de le vendre, de le
tuer et de dépecer son cadavre. Le père avait droit
de vie et de mort sur son fils, sur sa femme et sur
ses esclaves. Dans les monarchies, la loi a été le
bon plaisir du prince; dans les républiques, le bon
plaisir du législateur. Elle a armé les gladiateurs;
elle a jeté les esclaves aux lamproies. Elle a été

15.

l'idolâtrie et la persécution contre le christianisme. Elle a crucifié Jésus de Nazareth, fils de Dieu, Dieu lui-même. Elle a enduit les chrétiens de résine et elle les a fait brûler en guise de flambeaux pour la plus grande gloire de Jupiter. Elle a ensuite brûlé les hérétiques pour la plus grande gloire du Christ. Elle a pris le Peuple à la gorge ; elle ne lui a pas dit seulement : la bourse ou la vie ? Elle lui a dit aussi : la messe ou la mort ? Elle a été l'Inquisition et la Saint-Barthélemy. Elle a, par la révocation de l'édit de Nantes, proscrit cinq cent mille Français, la fleur de la patrie. Elle a été la croix, le gibet, le bûcher, l'auto-da-fé, l'*in-pace*, l'estrapade, le pal, la roue, la poire d'angoisse, l'écartellement, les cages de fer, la Bastille, les échafauds de Richelieu, la guillottine de la Révolution et la fusillade de la Réaction. Elle a été l'arquebuse de Charles IX, le « rasoir national » de la Terreur, et le goupillon de la Restauration. La loi a décapité le roi Louis XVI, la reine Marie-Antoinette, Mme Elisabeth, les Girondins, Mme Roland, Danton, Camille Desmoulins, Lucile, Hébert, Chaumette, Anacharsis Clootz, le naïf évêque de Paris Gobel, Robespierre, Saint-Just, la Commune de Paris, et tant d'autres. Elle a ordonné les noyades de Nantes, les bateaux à soupapes,

les mitraillades, les fusillades des Brotteaux,
les noyades dans le Rhône, l'assassinat du duc
d'Enghien, l'exécution du maréchal Ney, les mas-
sacres de la rue Transnonain, les transportations en
masse de 1848, les proscriptions de Décembre, la
répression de l'insurrection communale de 1871,
les suppressions de journaux et l'état de siège. Elle
amnistie l'Empire, elle proscrit la Commune. Elle
s'est appelée Auguste, Caligula, Néron, Caracalla,
Théodose le Grand, auquel il fallait que le Cirque
offrît journellement huit mille victimes, Louis XI,
Philippe II, le duc d'Albe, Louis XIV, Marat,
Robespierre, Tallien, Bonaparte, Charles X, Thiers,
Guizot, Cavaignac, encore Bonaparte, après Bonaparte, Thiers, après Thiers, le duc de Broglie,
après le duc de Broglie, M. Jules Ferry. Depuis
Denys, tyran de Syracuse, jusqu'au ministre actuel
de l'instruction publique, chacun a son ordre moral
qu'il veut imposer avec le même instrument, la loi,
et le même moyen, la force. La loi tourne aujour-
d'hui son glaive contre les Jésuites, mais, demain,
gare aux républicains! La loi a donné au républicain
Gambetta le Palais-Bourbon pour résidence, avec
60,000 francs d'appointements, c'est vrai. Mais, en
même temps, elle maintenait en exil le républicain
Henri Rochefort, nommé naguère député en rem-

placement de M. Gambetta, par les mêmes électeurs,
avec le même programme, pour faire la même besogne. Si elle ne condamne pas à mort tous ceux
qui ne partagent pas l'opinion du gouvernement,
c'est qu'elle n'en voit pas la nécessité. Rien ne l'en
empêche. Elle conteste à l'homme l'exercice des
droits les plus essentiels et les plus naturels. Elle
interdit aux citoyens de se réunir, à l'orateur de
parler, à l'écrivain d'écrire, sans remplir une série
d'humiliantes et coûteuses (1) formalités préalables.
Elle établit entre les individus des catégories arbi-
traires. Elle divise les femmes mariées en épouses
et en concubines. A l'épouse légale le mari doit « la
protection et tout ce qui est nécessaire pour les besoins de la vie, selon ses facultés et son état (2) »;
mais à la jeune fille séduite, qui n'a pas eu la précaution ou la possibilité de passer sous les fourches
caudines de la légalité, et qui est abandonnée avec
son enfant, il ne reste d'autre ressource que de se
faire courtisane, et d'autre recours contre l'injustice
dont elle est victime, que le pistolet de Mlle Marie
Bière. La loi décharge de toute obligation morale et

(1) Aux États-Unis, non-seulement il n'existe ni cautionnement
pour les journaux, ni impôt sur le papier, mais les imprimeurs et
les libraires sont les seuls négociants qui soient dispensés de payer
patente.

(2) Articles 213 et 214 du Code civil.

matérielle ceux qu'elle n'a pas ordonnés maris et
pères. L'homme qui a le plaisir de rendre la femme
mère peut, si l'écharpe du maire est absente de la
cérémonie, ne pas être le père. Les enfants ont des
droits et des devoirs différents, selon que la loi les
qualifie de légitimes, de naturels ou d'adultérins (1),
comme s'il y avait plusieurs manières de trans-
mettre la vie, et plusieurs portes pour entrer dans le
monde. Elle subordonne l'acte le plus naturel et le
plus personnel de la vie, le mariage, à la fantaisie
des pères et mères dont elle exige le consentement (2). Elle donne au père le droit de contrarier
toutes les inclinations de son enfant, de le maintenir de force dans sa maison, de le faire emprisonner,
de son chef, jusqu'à seize ans, et jusqu'à vingt et un
ans, avec la simple autorisation du président du tribunal (3). Elle dispose de la fortune des citoyens en
partie, durant leur vie, en totalité, après leur mort (4).
Elle déshonore le négociant malheureux sous prétexte de le secourir. Elle multiplie les pièges et les
chausse-trappes sous les pas de l'industriel et du
spéculateur qui demandent à l'association des capi-

____

(1) Code civil, titre VII, chap. ɪ, ɪɪ, ɪɪɪ.
(2) *Id.*, titre V, chap. ɪ, art. 148 et suivants.
(3) *Id.*, titre IX.
(4) *Id.*, liv. ɪɪɪ et chap. ɪ et suivants.

taux le levier nécessaire aux grandes entreprises.
Elle défend aux travailleurs de mettre en commun
leurs efforts pour lutter contre l'oppression du capital. En même temps elle permet à des banquiers
appartenant à des nationalités différentes de s'associer en vue d'opérations financières qui trop
souvent ont eu pour résultat de ruiner les petites
gens appelés à y participer. Elle autorise l'internationalisme du capital contre l'épargne, et même
contre le travail, mais elle condamne impitoyable-
ment l'internationalisme du travail contre le capital (1). Ce que le législateur d'hier a fait contre
l'association des travailleurs, peut-être le législateur de demain le fera-t-il contre les associations
de non-travailleurs, contre les sociétés financières, aussi bien que contre les sociétés religieuses.
Dans la séance de la Chambre du 16 mars 1880,
un membre éloquent et écouté de la majorité,
M. Madier de Montjau, a déjà réclamé, aux applaudissements de ses collègues, l'application de la
loi contre l'Internationale aux Jésuites, Domini-
cains, Picpuciens, Maristes, et autres congrégations
d'hommes et de femmes, en rappelant aux cléricaux

---

(1) Loi du 14 mars 1872 contre l'Association internationale des
travailleurs.

cette parole fameuse que tous les partis en France devraient toujours avoir présente à la mémoire : *Patere legem quam ipse fecisti* (1).

La loi entoure d'immunités et de privilèges le capitaliste qui prête à l'État de l'argent, mais elle laisse le travailleur et sa famille exposés à tous les risques d'abaissement de salaire, de chômage, de maladie et de mort. Elle met le revenu du rentier à l'abri des revendications de ses créanciers, mais elle laisse vendre le champ du paysan, la maison du père de famille, et le mobilier du pauvre diable (2). Elle fait vivre des comédiens, des musiciens et des danseuses : on se demande pourquoi elle ne se préoccupe pas d'une foule d'autres artistes, d'ouvriers et de déclassés tout aussi intéressants, auxquels il n'a peut-être manqué pour faire des chefs-d'œuvre que le pain de chaque jour. Jamais la logique populaire ne comprendra que la loi, si elle est capable de faire le bonheur de quelques-uns, ne fasse pas le bonheur de tous, et qu'au lieu de sou-

----

(1) « Supportez la loi que vous avez faite. »

(2) Aux États-Unis, la loi protège contre les ventes forcées le domicile des citoyens. Dans l'État de Californie, le chef de famille peut, par une simple déclaration, dite déclaration de *homestead*, mettre l'immeuble qu'il occupe à l'abri de ses créanciers jusqu'à concurrence d'une valeur de 25,000 francs. Pour les autres citoyens, cette valeur est réduite à 5,000 francs. Voir *Lois et Mœurs républicaines,* par Léon Donnat, chap. v.

lager la misère, elle l'entretienne par l'inégale répartition des charges sociales. De là ces efforts pour
accaparer la loi, réputée panacée universelle. De là
ces attentats, ces insurrections contre les Assemblées
législatives. En 1789 les femmes sont persuadées
qu'il dépend uniquement des députés et du roi de
faire cesser leurs souffrances. Elles pénètrent dans
l'Assemblée; il faut qu'elles ramènent à Paris *le
boulanger et le petit mitron*. Lorsque, le 1ᵉʳ prairial
an III, le peuple envahit la Convention, il demande
aux députés de lui donner du pain, ou il mangera
du « pain de députés (1) ». A chaque révolution, des
scènes analogues se reproduisent. Le 15 mai 1848,
le représentant du peuple Armand Barbès, se faisant
le porte-parole de la foule insurgée, fait sommation
aux législateurs de voter « un impôt d'un milliard
sur les riches, sous peine d'être déclarés traîtres à la
patrie ». Le 31 juillet de la même année, Proudhon
demande à la tribune que l'État s'empare du tiers des
fermages, des loyers et des intérêts du capital. De nos
jours, on trouve encore dans la Démocratie d'honorables utopistes qui comptent trouver dans la loi,
si dure jusqu'ici aux pauvres gens, un remède aux
maux de l'humanité. Au mois de mars de cette

____

(1) *La Révolution*, par Edgar Quinet.

année, un député de la Seine, **M. A.** Talandier, a déposé sur le bureau de la Chambre un projet de loi tendant à l'abolition du paupérisme et ayant pour objet d'assurer législativement une somme de 1,000 francs à tout citoyen majeur. Un journal hebdomadaire, l'*Égalité,* qui se publie à Saint-Cloud et qui se qualifie d'*organe collectiviste révolutionnaire,* répond à M. Talandier :

Vous vous dites socialiste, et vous ignorez que la caractéristique essentielle de la société capitaliste est la concentration des richesses et l'expropriation universelle au profit d'une bande de vauriens de moins en moins nombreuse, et que la seule manière d'universaliser la propriété, ce n'est pas de la diviser en parcelles, mais d'exproprier les expropriateurs et de transformer leur propriété en propriété nationale appartenant à ceux-là seuls qui la font produire.

Nous serons avec vous quand vous proposerez de confisquer une partie des héritages des grands et petits Rothschild (1)...

Pour réaliser le rêve de l'*Égalité,* qui est aussi celui du Congrès de Marseille, pour fonder cette égalité sociale dont elle se dit l'apôtre, pour universaliser la propriété, que faut-il? S'emparer de la loi par n'importe quel moyen. L'histoire des cent dernières années atteste qu'ils sont tous bons. Pour les Catilinas civils et militaires, quel encouragement

(1) L'*Égalité*, du 31 mars 1880.

16

que le Deux-Décembre ! Pour les inventeurs naïfs ou
roublards de systèmes politiques et sociaux, s'emparer de la loi en s'emparant de l'Hôtel de Ville, comme
les commissaires des sections dans la nuit du
10 août 1792, comme le gouvernement provisoire
du 24 février 1848, ou comme les députés de Paris
au 4 septembre 1870 ; avoir entre les mains, ne
fût-ce qu'un seul jour, pour sujet d'expériences,
une nation de 36 millions d'âmes, aussi désarmée,
aussi inerte qu'un cadavre sur la table d'un amphi-
théâtre, quelle tentation et quel rêve ! Être législateur, c'est être maître, maître du monde matériel et
moral. Comme les anciens rois de France, le législateur, même athée, se croit le représentant sur la
terre de la toute-puissance et de l'autorité du Dieu
absolu, despotique, cruel, du Dieu vengeur des catholiques romains. — Eh bien, disons-le hautement,
si la loi doit être dans le nouveau monde ce qu'elle
a été dans le vieux monde ; si elle est dans la République démocratique ce qu'elle a été dans les républiques esclavagistes de l'antiquité, dans les républiques aristocratiques du moyen âge, dans la
République parlementaire des temps modernes,
dans la Monarchie et dans l'Empire, à toutes les
époques et sous tous les climats ; si le législateur a
dans l'avenir, comme il a eu dans le passé, le pouvoir

de tout ordonner et de tout défendre ; si la société
reste entre ses mains une pâte inerte qu'il peut
pétrir à son gré, et jeter dans le moule qui lui convient ; s'il se croit le maître de faire notre bonheur
ou notre malheur, de passer la corde au cou de
l'humanité, en lui disant comme le bourreau de
l'Inquisition : « Allons, tais-toi ; tout cela est pour
ton bien (1) ! » ; si ses actes n'ont pas pour règle la
morale universelle ; si ses pouvoirs n'ont pas pour
bornes, comme ceux du reste des humains, le bien
et le mal, le juste et l'injuste ; si la loi est au-dessus
des lois ; si la loi, œuvre de l'homme, est au-dessus
des lois divines et humaines ; si rien ne l'empêche
d'être demain, comme elle était hier, la férocité, l'ex-
termination et la spoliation ; si elle est aujourd'hui ce
qu'elle était sous l'ancienne législation mosaïque,
contre laquelle la morale du Christ a vainement
essayé de prévaloir : « Ame pour âme, dent pour
dent, œil pour œil, pied pour pied, brûlure pour brûlure, plaie pour plaie... » ; si la loi est encore la vengeance ; si, au lieu d'être fille du ciel, comme l'appe-
laient les Grecs, elle est fille du démon ; si, au lieu
d'être, comme on la représente, l'attribut de la Justice, elle est la fantaisie de la majorité ; si, au lieu

____

(1) J.-H. Fichte, *Revendication de la liberté de penser,* page 10.

d'être le droit, elle est l'arbitraire ; si enfin, au lieu d'être nécessairement une garantie, la loi peut éventuellement être une menace pour la sécurité et pour la liberté des citoyens, alors il faut renoncer à l'espérance, au repos, à la concorde, à la fraternité future ; il faut tourner le dos à l'idéal vers lequel tend l'humanité depuis le commencement des siècles ; il faut nier le progrès et la civilisation, maudire la République et reprendre franchement le chemin de la barbarie.

CHAPITRE IV

Si une de ces Assemblées législatives constituantes, dont les républicains d'hier et d'aujourd'hui
défendent l'omnipotence, si la Chambre des députés et le Sénat votaient une loi interdisant à jamais,
sous les peines les plus sévères, non-seulement le
mariage administratif, — c'est ce qu'on devrait faire,
— mais le mariage civil et le mariage naturel, ou,
pour parler plus clairement, tout rapprochement entre
les deux sexes, comme déjà elle le défend dans les
compartiments de chemin de fer, même en l'absence
de tout témoin, qu'arriverait-il? Le Peuple en masse,
hommes et femmes, refuserait de se soumettre à une
pareille loi et répondrait au législateur par une
formidable protestation. Pourquoi? Parce qu'une pareille loi serait contraire à la constitution de l'homme
et de la femme, au principe essentiel de l'humanité
qui est la reproduction et la perpétuité de l'espèce. Il
en serait de même d'une loi qui aurait pour objet

16.

de nous empêcher de manger ou de dormir, ou qui
voudrait nous faire marcher habituellement sur la
tête. — Dans un autre ordre d'idées, il est bien certain qu'on se révolterait contre une loi établissant
l'hérédité au profit du Président de la République,
des sénateurs et des députés. Pourquoi? Parce
qu'une loi pareille serait en contradiction avec le
principe même de la République, qui est l'élection,
et qu'une loi ne saurait être légitime, acceptable et
supportable, si elle est contraire à la Constitution
ou aux droits qui appartiennent naturellement à
l'homme. De même, dans la Démocratie, le principe
de la Constitution, le principe essentiel de la société
étant la souveraineté du Peuple, il est évident
que le législateur, sous peine de tomber dans la
contradiction et dans l'absurde, ne devra faire aucune loi contraire à ce principe. Il ne pourra établir
aucun règlement ayant pour but ou pour effet de
supprimer directement ou indirectement la souveraineté nationale, de restreindre à un degré quelconque l'exercice de cette souveraineté. Mais pour
un individu, comme pour un peuple, qu'est-ce
que la faculté d'exercer pleinement sa souveraineté? N'est-ce pas la Liberté? Dans la Démocratie,
le législateur ne peut donc logiquement faire que
des lois protectrices de la liberté de tous et de cha-

cun. Dans la République démocratique, comme dans la Monarchie, la loi est l'arme défensive de la souveraineté, c'est-à-dire de la liberté du souverain. Elle est à la souveraineté nationale ce que l'armée est à la Nation. Elle ne peut pas ne pas la défendre. Le soldat qui combat contre l'indépendance de la Nation est déclaré traître à la patrie : on le fusille. La loi qui combat contre la Liberté est aussi une trahison. C'est un attentat contre la souveraineté du Peuple, une injure au droit moderne, au principe même de la Constitution. Qu'on la déchire !

C'est à ce point de vue que le Peuple américain s'est placé quand il a fait la Constitution. Pour assurer la liberté extérieure, ou, en d'autres termes, l'indépendance de la Nation, le Peuple a donné au Congrès le droit :

« De déclarer la guerre, d'accorder des lettres de marque et de représailles, et de faire des règlements concernant les prises sur terre et sur mer ;

De lever et d'entretenir des armées, — aucun argent pour cet objet ne pouvant être voté pour plus de deux ans ;

De créer et d'entretenir une marine ;

De faire des règlements pour le gouvernement et l'administration des forces de terre et de mer ;

De pourvoir à la convocation de la milice pour

exécuter les lois de l'Union, réprimer les insurrections et repousser les invasions (1);

De pourvoir à l'organisation, l'armement et la
discipline de la milice, et de disposer de cette partie
d'entre elle qui peut se trouver employée au service
des États-Unis, en laissant aux « États » respectifs
la nomination des officiers, et le soin d'établir dans
la milice la discipline prescrite par le Congrès;

D'exercer la législation exclusive, dans tous les
cas quelconques, sur tel district ne dépassant pas
dix milles carrés, qui pourra devenir le siège du
gouvernement des États-Unis, et d'exercer la même
autorité sur les lieux acquis par achat, d'après
le consentement de la législature de l' « État » où
ils seront situés, et qui serviront à l'établissement
de forteresses, de magasins, d'arsenaux, de chan-
tiers et autres établissements d'utilité publique;

D'établir et de faire percevoir des taxes, droits,
impôts directs ou indirects, de payer les dettes;

De pourvoir à la punition des contrefacteurs du
papier public et de la monnaie courante des États-
Unis;

D'établir des bureaux de poste et des routes de
poste ;

(1) C'est en partie à cette disposition que les Américains doivent
de pouvoir se passer d'une armée permanente.

D'encourager les progrès des sciences et des arts
utiles en assurant aux auteurs et inventeurs, pour
des périodes limitées, un droit exclusif sur leurs
écrits et leurs découvertes respectives ;

D'établir des tribunaux subordonnés à la Cour
suprême ;

De définir et punir la piraterie, et les félonies
commises sur la haute mer, et les violations du droit
des gens (1). »

Voilà ce que la Constitution permet au Congrès
ou, en d'autres termes, au Corps législatif national :
passons maintenant à ce qu'elle lui défend.

Il est invraisemblable que l'idée de faire des lois
contraires à la liberté extérieure d'une Nation, à son
indépendance, puisse jamais venir à l'esprit d'une
Assemblée, quelle qu'elle soit. Aussi le Peuple
des États-Unis n'a-t-il pas jugé nécessaire de prononcer à cet égard aucune interdiction. Mais il
n'a pas eu la même confiance dans le législateur en
ce qui concerne la liberté intérieure. « Le Congrès,
dit le premier amendement de la Constitution,
ne pourra faire aucune loi qui restreigne la liberté
de parole ou de la presse. » Mais le Congrès pourra
naturellement faire la loi inverse. Il pourra, il

(1) Constitution des États-Unis. Article premier : Du Pouvoir
législatif. Section VIII : Des pouvoirs du Congrès.

devra même, selon les circonstances, faire une loi sur la presse. Seulement cette loi, au lieu de viser les journalistes qui attaqueraient le gouvernement, sera dirigée contre le gouvernement qui attaquerait les journalistes. Un projet de Code pénal, rédigé, en 1831, par le célèbre criminaliste Livingstone (1), sur l'ordre du Congrès des États-Unis, offre un exemple frappant de l'application de ce principe. Le titre VIII a pour titre : *Des infractions contre la liberté de la presse*. Voici le texte des principaux articles de cette loi, telle qu'aucun député n'a jamais songé, que nous sachions, à en proposer une à l'adoption d'une Chambre française :

ART.   . La Constitution des États-Unis ayant déclaré que le Congrès ne votera aucune loi restreignant la liberté de la presse, aucun fonctionnaire exécutif ou judiciaire des États-Unis ne fera subir en vertu d'une telle loi (si elle venait à être votée), ou sous prétexte de l'exécuter, aucun préjudice à qui que ce soit, dans sa personne ou sa propriété, sous peine d'une amende de 200 à 1,000 dollars (1,000 à 5,000 francs).

ART.   . Si un membre du Congrès ou un fonctionnaire judiciaire ou exécutif des États-Unis, dans le but d'empêcher qu'on ne scrute de près sa conduite officielle ou celle du département ministériel auquel il est attaché, empêche, ou tente

(1) *Exposé d'un système de législation criminelle pour l'État de la Louisiane et pour les États-Unis d'Amérique,* par Édouard Livingstone. Paris, Guillaumin. Le projet de Code pénal pour les États-Unis a été imprimé en 1831 par ordre du Congrès.

d'empêcher par violence, ou menace de violence, ou en employant, ou en menaçant d'employer ses pouvoirs officiels, que nul n'écrive, n'imprime ou ne publie aucun exposé ou aucune critique de sa conduite officielle, il sera condamné à une amende de 300 à 2,000 dollars (1,500 à 10,000 francs), il subira un emprisonnement de soixante jours à six mois, qui sera simple ou étroit, au gré de la cour, et il sera privé de ses droits politiques pendant quatre ans.

Art.   . Si une cour, un juge, ou un autre fonctionnaire, met obstacle à l'impression ou à la publication d'un *écrit* quelconque, ou l'empêche, sous le prétexte, vrai ou faux, que cet écrit contient un libelle ou des expressions séditieuses, ou sous tout autre prétexte, les juges de cette cour donnant leur adhésion à cet empêchement, et le juge (s'il a agi en dehors de la cour) ou tout autre fonctionnaire enfreignant le présent article, seront condamnés chacun à une amende de 500 à 1,000 dollars (2,500 à 5,000 francs) et à une suspension de ses droits politiques pendant deux ans...   .

Ce projet de loi est par lui-même assez éloquent pour n'avoir besoin d'être accompagné d'aucun commentaire. Il suffit de le recommander particulièrement à l'attention de la Commission de codification des lois concernant la presse et l'imprimerie, présidée par le député du IX⁰ arrondissement de Paris, M. Émile de Girardin.

Après la liberté de la presse, la Constitution des États-Unis s'occupe de la liberté de réunion.

« Le Congrès des États-Unis ne pourra pas, non plus, dit encore le premier amendement, faire

aucune loi qui restreigne le droit qu'a le Peuple
souverain de se concerter, de se réunir, de s'assembler. »

Si le Congrès était appelé à faire une loi sur la
liberté de réunion ou d'association, elle devrait donc
être conçue dans le même esprit que le projet de loi
sur la presse de M. Edward Livingstone. Elle aurait
pour objet de garantir aux citoyens l'intégralité de
cette liberté, non de la limiter.

« Une milice bien réglée étant nécessaire à la
sécurité d'un État libre », afin que le Peuple soit
toujours en mesure de défendre personnellement
sa souveraineté contre l'ambition des peuples voisins
ou contre les prétentions de son propre gouvernement, « le Congrès des États-Unis ne pourra prendre
aucune décision portant atteinte au droit que possèdent les citoyens de garder et de porter des
armes (1). »

Le Peuple, enfin, pris collectivement ou indivi-
duellement, étant libre de croire ou de ne pas
croire, de pratiquer la religion qui lui plaît, ou
de n'en pratiquer aucune, la Constitution interdit
au législateur d'attenter à la souveraineté de la
conscience et à la liberté des citoyens, en l'obligeant

(1) Constitution des États-Unis. Premier amendement.

à participer à l'entretien d'un culte qui n'est pas le
sien : « le Congrès ne pourra faire aucune loi qui
ait rapport à l'établissement d'une religion, ou qui
en défende le libre exercice (1). »

Pour fixer les lois criminelles que le législateur a
le droit de faire ou de ne pas faire dans la République démocratique, le critérium est le même que
pour les lois politiques. La loi devra punir tout
attentat à la liberté individuelle, comme elle punit
les attentats contre la liberté politique. Il n'en est
pas autrement pour les lois civiles. L'homme a le
droit incontestable de se marier. La Liberté étant
dans la République démocratique la règle nécessaire, il ne sera pas fait de loi sur le mariage. Le mariage sera un contrat civil. Il résultera purement et
simplement du consentement mutuel de l'homme et
de la femme, sans qu'ils aient besoin pour se marier
de l'autorisation des parents, ni de l'écharpe du
maire. L'inexécution des engagements pris par les
époux l'un envers l'autre donnera lieu, comme
l'inexécution de tous les engagements du monde, à
des dommages-intérêts dont le montant pourra être
à l'avance fixé par un contrat. S'il n'y a pas de contrat, et si les époux ne sont pas d'accord, ils iront

(1) Constitution des États-Unis. Deuxième amendement.

17

devant les tribunaux, et ils devront s'en rapporter
à l'appréciation des juges. L'homme a le droit non
moins incontestable de disposer de ses biens ; il ne
sera donc fait aucune loi sur les testaments ; le législateur ne réglera que les successions *ab intestat*. Personne ne met en doute que l'homme ait le droit de
s'instruire et d'instruire ses semblables : il ne sera
fait de loi, ni pour interdire, ni pour imposer
aucun enseignement spécial. Il en sera de même
pour toutes les branches de la législation. Le législateur, avant de voter, le fonctionnaire, avant d'agir,
le juge, avant de prononcer, devront scrupuleusement examiner la loi et se poser cette question :
« Cette loi, qu'on nous propose de voter, d'exécuter ou d'interpréter, est-elle une affirmation de la
Liberté ? » Si la réponse est négative ou simplement
douteuse, le législateur refusera de l'établir, le fonctionnaire de l'exécuter, et le juge auquel on deman-
dera de l'appliquer ne condamnera pas au nom de
la Loi les citoyens qui lui feront résistance ; il condamnera la Loi au nom de la Justice ; il punira le
fonctionnaire assez imprudent ou assez coupable
pour avoir attenté au principe de la Constitution en
exécutant, ou en tentant d'exécuter, une loi contraire à la Liberté.

Les Américains n'ont fait à cette nécessité de la

logique, à cette règle absolue, que deux exceptions.
Ils ont permis au Congrès d'établir des tarifs protecteurs. Malgré les conditions exceptionnelles dans
lesquelles se trouvent vis-à-vis des autres pays les
États-Unis, qui occupent tout un continent, qui
produisent toutes les matières premières utiles à la
vie d'un Peuple et au développement de l'industrie,
cet attentat à la liberté des échanges a été la cause
principale des difficultés économiques auxquelles ils
ont été en butte. La majorité du Peuple américain
commence à s'en apercevoir, et bientôt le reconnaî-
tra. Les Américains ont, de plus, dès le début, et par
la Constitution, autorisé l'esclavage. Cette grave
dérogation au principe de la souveraineté de l'homme
et de la liberté individuelle, sur lequel reposent
inévitablement les sociétés démocratiques, a en-
traîné la Démocratie américaine dans la plus épou-
vantable guerre civile que l'histoire ait jamais
enregistrée. Pour extirper de leur civilisation républicaine ce germe de désordre et de mort, ils ont
dû sacrifier un million d'existences humaines et
dépenser plus de vingt milliards.

CHAPITRE V

Dans la République française, un Corps législatif unique dispose par les lois civiles, correctionnelles et criminelles, de la propriété, de la famille, de la paternité, de la filiation, de l'état civil, de l'éducation, de la fortune, de la vie, de l'amour et de l'honneur des citoyens. Tout ce que nous sommes matériellement et moralement dépend du flux et du reflux des passions parlementaires. Nos destinées sont à la merci d'un coup de majorité. Et si ce Corps législatif unique est violemment dissous par un coup d'État militaire ou une insurrection populaire, le dictateur ou la plèbe victorieuse héritent de la toute-puissance du Parlement.

Ce n'est pas là le seul inconvénient de la concentration du pouvoir législatif entre les mains d'un Corps législatif unique.

17.

Dans une grande nation comme la France, les abus ne se font que lentement sentir. Quelle que puisse être son injustice, une loi ne blesse jamais qu'un nombre relativement restreint d'individus. Si quelqu'un réclame, il est perdu dans une foule confuse de trente-six millions de citoyens, au milieu de laquelle il lui est longtemps impossible de se faire entendre. Combien de maris ont tué leurs femmes adultères à coups de couteau, à coups de revolver et à coups de fusil ; combien de femmes ont tué leurs maris ; combien d'hommes et de femmes se sont révoltés contre l'absurde et inhumaine indissolubilité du lien matrimonial, avant que le législateur ait seulement prêté l'oreille à ces sinistres et périodiques détonations, à ces cris de révolte, à ces gémissements ! Si le théâtre, la littérature, le journalisme et la politique ne s'étaient pas emparés de la question du divorce, si des hommes éloquents, écoutés et persévérants, appartenant aux opinions et aux professions les plus diverses, n'avaient pas consacré à l'accomplissement de cette réforme leur intelligence et leur vie, sait-on quand elle aurait pu seulement être mise à l'ordre du jour ?

On a dernièrement entendu le coup de pistolet de Mlle Marie Bière parce qu'il a été tiré rue Auber,

au centre de Paris ; mais combien faudra-t-il d'insurrections individuelles du même genre pour appeler l'attention du législateur sur la nécessité de
réformer le Code civil, notamment en ce qui concerne le mariage, la paternité et la filiation ! Si, au
lieu d'avoir à faire ou à reviser la Constitution, à
diriger la politique extérieure et la politique intérieure, à établir des tarifs, à déclarer la guerre,
à faire la paix, à renverser un ministère, à obtenir
une ambassade, nos législateurs n'avaient qu'à se
préoccuper de l'amélioration des lois, de pareils dé-
nis de législation ne seraient pas possibles. Dans un
village, un crime ne reste jamais impuni ; dans une
grande ville, huit fois sur dix, le criminel échappe
aux poursuites de la justice. De même, dans l'immen-
sité d'une grande nation, un abus se cache et passe
inaperçu. Il n'échapperait pas à la vigilance d'une
législature provinciale ou départementale n'ayant
pas de soucis politiques. Il y a des abus que tout le
monde condamne : par exemple, le mode d'instruction des affaires correctionnelles ou criminelles, l'in-
terrogatoire à huis-clos par le juge d'instruction qui
dicte au prévenu sa réponse et lui fait dire exactement ce qu'il veut, la prison préventive, etc., etc.
Sur beaucoup de réformes, on est divisé. La plupart des catholiques, par exemple, se croient obligés

de se dire opposés au rétablissement du divorce.
Mais sur ces questions-là pas de divergence. A
quelque parti, à quelque religion qu'on appartienne,
on est d'accord. — Que fait-on? — Rien. — Fera-t-on
jamais quelque chose? — Les lois relatives aux
associations, aux coalitions sont unanimement
condamnées. — Quand les changera-t-on? — On
a fait en 1867 une loi sur les sociétés par ac-
tions. On peut mettre quiconque au défi de trouver
en France un homme d'affaires qui ne trouve pas
cette loi détestable. Le public auquel elle donne
l'illusion d'une fausse sécurité, qui le fait plus faci-
lement duper, ne la trouve pas meilleure. Mais les
avocats dominent dans le Parlement; ils ne font
pas d'affaires; une loi sur les sociétés prête peu aux
périodes ronflantes : la loi continue à soulever des
mécontentements, faisant des dupes, selon le bon
plaisir des financiers, et des victimes, selon le bon
plaisir des juges. Ainsi, du reste. En France, depuis
quatre-vingts ans, non seulement la législation n'a
fait aucun progrès, elle a rétrogradé. Le divorce, qui
existait alors, n'existe plus aujourd'hui. Le monde
économique a été transformé, la science a boule-
versé le monde industriel; les bateaux à vapeur
ont remplacé les bateaux à voiles ; les chemins de
fer, les diligences et les pataches; le gaz, l'éclai-

rage à l'huile et à la chandelle. L'électricité a mis
tous les points de la France en communication directe avec l'univers entier. Mais notre administration, notre Université, notre législation, sont restées
immuables. La loi du progrès n'existe pas pour
elles. Le Code civil, le Code de commerce, le Code
de procédure, le Code d'instruction criminelle et le
Code pénal sont restés ce que leurs auteurs les ont
faits. Si ces grands travailleurs qui, pour leur
temps, étaient des hommes de révolution, reve-
naient aujourd'hui parmi nous, ils seraient bien
étonnés de voir que nous avons fait de leur œuvre
une arche sainte, sur laquelle nul n'ose porter la main, et que, de ces Codes qui étaient pour
eux un instrument de progrès, nous avons fait un
corset de fer dans lequel nous avons la prétention
d'enfermer la société, malgré ses dimensions nouvelles et ses perpétuelles transformations.

A quelle cause attribuer ce prodigieux immobilisme ? Est-ce au caractère et au tempérament du
législateur ? Non. Les députés peuvent être d'excel-
lentes gens animés des meilleures intentions, mais,
du moment où ils font de la politique, ils sont
perdus : ils n'ont pas le temps de faire autre
chose. Ils courent au plus pressé. Ils renversent les
gouvernements, ils culbutent les ministères, ils se

distribuent les portefeuilles, les places d'ambassadeurs et de ministres, ils donnent les autres à leurs amis; ils votent le budget; de temps à autre, pour protéger leur omnipotence, ils sont fatalement amenés à faire des lois contre la liberté de la presse, la liberté d'association et la liberté de réunion. Ajoutez à cela les lois qu'ils sont absolument obligés de voter, comme les lois sur les traités de commerce, sur l'armée, sur la marine. C'est tout ce dont ils sont humainement capables. Pour apporter une modification, qui n'en est pas une, aux lois sur l'enseignement secondaire, il leur a fallu, au milieu de toutes leurs préoccupations et de toutes leurs passions politiques, plus d'une année. Que serait-ce, s'il s'agissait d'une réforme vraiment utile et sérieuse?

Si un fabricant de machines chargeait un seul ouvrier de lui construire une locomotive, quelle que soit sa bonne volonté, cet ouvrier n'en viendrait jamais à bout. C'est par la division du travail qu'on obtient ces machines dont la perfection excite notre admiration. Ce qui est vrai pour la mécanique industrielle, ne l'est pas moins pour la mécanique politique et sociale. Voulons-nous de bonnes lois politiques et de bonnes lois civiles? Voulons-nous par l'amélioration progressive des lois rendre supportable à tous les citoyens la vie en société, et, par conséquent, prévenir les revendications justifiées, les secousses violentes, les révolutions et les guerres sociales? Divisons le travail législatif ! Aux Assemblées politiques formant la représentation nationale, confions le soin de veiller à la liberté extérieure de la Nation, donnons-leur le droit :

De déclarer la guerre ;

De faire la paix ;

De conclure des traités de commerce ;

Et de voter :

Les lois de finances ;

Les lois sur l'armée et sur la marine ;

Les lois sur les chemins de fer, les postes, les télégraphes, la naturalisation et les brevets d'invention ;

Mais réservons aux Assemblées départementales ou régionales les lois concernant :

L'administration locale ;

L'instruction publique ;

La législation civile, criminelle et pénale ;

Les institutions charitables et pénitentiaires.

Dans la République américaine, la législation civile, correctionnelle et criminelle, est exclusivement réservée aux législatures des « États ». Il semble, au premier abord, que cette division du pouvoir législatif entre trente-huit Corps législatifs, cet éparpillement si opposé à nos idées et à nos préjugés d'unité et de symétrie réglementaires, doivent produire dans la législation la diversité et l'incohérence. Il n'en est rien. D'abord, lorsqu'ils ne sont pas aveuglés par les passions, les hommes aperçoivent généralement la Justice de la même manière. Comme la Vérité et comme la Liberté, la Justice est cosmopolite. Aucune nation, aucun climat n'en a le privilège. Investis d'un pouvoir restreint strictement limité à la circonscription territoriale de l'« État », élus pour un temps très-court, à raison d'un représentant pour cinq ou six cents électeurs en moyenne, et souvent moins, les membres des législatures d' « États » sont placés dans des conditions d'impartialité exceptionnellement favorables. Leur conscience n'est jamais exposée à entrer en lutte avec leur intérêt; ils ne sont pas en butte aux séductions d'un gouvernement qui ne dépend pas d'eux, et n'a, d'ailleurs, ni places, ni décorations, ni concessions à leur donner. Qu'un prétendant ou simplement un ambitieux habile parvienne à corrompre dans une ou deux Chambres un nombre de représentants suffisant pour former une majorité, on le conçoit. Mais comment circonvenir trente-huit législatures com-

prenant près de dix mille législateurs, auxquels
la proximité des distances et l'exiguïté du collège
électoral permettent d'entretenir des relations con-
stantes avec chacun de leurs électeurs et qui se
trouvent faire, pour ainsi dire, partie du corps
électoral lui-même ? Comment séduire tout un
Peuple s'appartenant à lui-même, ayant la constante habitude de l'exercice de sa souveraineté ?

Ce n'est pas par l'effort exceptionnel d'une vertu
sur laquelle il est toujours plus prudent de ne pas
compter, c'est le plus naturellement du monde
qu'éloignés de toute préoccupation passionnelle et
personnelle, les membres des législatures régionales poursuivent aux États-Unis le même idéal.
La division du travail législatif non-seulement ne
produit pas des lois contradictoires, mais, comme
la division du travail industriel, elle permet les tâtonnements, les recherches et les expériences ; elle
rend possibles et faciles des améliorations sans elle
impossibles et chimériques. Dans tous les « États »
de la République américaine, le soin d'organiser et
de diriger les écoles publiques est laissé aux Comtés
et aux Communes. Chaque Commune, et, dans les villes, chaque quartier a ses commissaires de l'instruction publique élus directement par le Peuple. Mais
la législature intervient pour donner aux Communes

18

les fonds dont l' « État » peut disposer en faveur de l'enseignement public, pour obliger les Comtés et les Communes à entretenir des écoles complètement gratuites en nombre suffisant pour que tous les enfants puissent y être reçus, pour assurer la séparation de l'église et de l'école (1), c'est-à-dire l'absolue laïcité de l'enseignement public; enfin, pour rendre l'instruction obligatoire. Cette question de l'obligation de l'instruction publique est une de celles qui préoccupent le plus vivement les législateurs des trente-huit « États » de l'Union. C'est, en effet, un difficile problème que d'obliger les parents à faire instruire leurs enfants sans porter atteinte à la souveraineté des citoyens et à la liberté individuelle. Dans plusieurs « États », il existe des fonctionnaires spéciaux chargés de ramener les petits vagabonds et de les conduire à l'école (2). Dans le Connecticut, un patron qui emploie un enfant de moins de quatorze ans n'ayant pas assisté à l'école, au moins, pendant trois mois de l'année, est passible d'une amende de 300 francs (3). Dans le Massachusets, la législature a décidé que les parents qui

<hr>

(1) Toutes les constitutions des divers États contiennent à cet égard des dispositions formelles.

(2) *Lois et Mœurs républicaines*, par M. Léon Donnat, page 309.

(3) *Ibid.*, page 311, note.

n'enverraient pas leurs enfants à l'école seraient
punis d'une amende de 100 francs. Dans d'autres
« États », la loi décrète simplement l'obligation et,
en cas d'infraction, donne aux tribunaux saisis sur
la demande des commissaires des écoles le pouvoir
d'ordonner que les enfants seront enlevés à leurs
parents et mis entre les mains de « maîtres capables,
afin qu'ils puissent être en mesure d'exercer quelque
profession ».

Toutes les autres branches de la législation donnent lieu aux mêmes recherches expérimentales.
C'est ainsi qu'un nombre considérable de modes de
scrutin ont été successivement essayés aux États-
Unis, tandis qu'en France nous n'avons jusqu'ici
expérimenté que deux systèmes : le scrutin uninominal et le scrutin de liste; c'est ainsi encore que
la capacité électorale des femmes a pu être mise
à l'épreuve. On sait qu'en Angleterre toute femme
célibataire ou veuve a le droit de prendre part aux
élections municipales et aux élections scolaires.
Elles sont aussi éligibles à certains emplois, comme
celui d'inspectrice des pauvres, de membres des
comités des écoles publiques et des bureaux de bienfaisance. En Amérique, dans le Massachusets, dans
l' « État » de New-York, et dans plusieurs autres
« États », les femmes ont depuis longtemps le

droit de prendre part à l'élection des directeurs des écoles. Enfin dans l' « État » d'Iowa et dans le Wisconsin, la législature a dernièrement proposé au Peuple un amendement constitutionnel conférant aux femmes mariées l'électorat et l'éligibilité (1).

Les questions relatives à la répression des crimes et des délits sont aussi l'objet d'études approfondies. Plusieurs « États » ont pris l'initiative de l'abolition de la peine de mort : les autres adopteront définitivement cette réforme urgente et nécessaire, dès qu'ils auront pu la juger d'après les résultats obtenus. Les institutions charitables et les institutions pénales ont atteint, pour les mêmes raisons, aux États-Unis, un degré de perfection qu'elles n'atteindront jamais dans un pays où tous les pouvoirs sociaux sont concentrés entre les mains d'un monarque ou d'un Parlement omnipotent. Pour beaucoup de réformes humanitaires, et notamment pour la réforme pénitentiaire, les « États » de Pensylvanie, de New-York, de Massachusets, etc., ont servi de guides et de modèles aux nations européennes. « La décentralisation législative et administrative a permis aux États-Unis, dit M. Charles Lucas, dans sa préface à l'ouvrage de Livingstone, l'élaboration des divers

(1) La *France* du 2 avril 1880. *Lettre des États-Unis.*

modes de cette réforme et la recherche conscien-
cieuse de celui qui pourrait être le meilleur (1). »
Elle excite entre les législatures une émulation féconde. Elle établit entre elles une sorte de concours
dans lequel elles font perpétuellement assaut de
justice et d'humanité.

(1) M. Lucas, membre de l'Institut. Préface de l'*Exposé d'un
système de législation criminelle pour l'État de la Louisiane et pour les
États-Unis d'Amérique*, par Edward Livingstone, tome I⁰ʳ, page XXXIII.

18.

LIVRE III

LE POUVOIR EXÉCUTIF

LIVRE III

LE POUVOIR EXÉCUTIF

CHAPITRE PREMIER

LA PRÉSIDENCE

En France, nous avons toujours poursuivi la République comme un vague idéal de transformation, de suppression et de destruction ; nous n'avons, pour ainsi dire, jamais cherché à nous rendre compte des conditions indispensables de cette forme perfectionnée de gouvernement. Sous la Monarchie et sous l'Empire, ceux qui demandaient le plus énergiquement la destruction du trône étaient naturellement réputés les plus républicains. Nous nous sommes ainsi habitués à mesurer la sincérité, l'énergie et la qualité de nos convictions républicaines à l'ardeur de destruction qui nous animait: C'est en demandant ce qu'il appelait les « destructions nécessaires » que M. Jules Ferry s'est fait une popula-

rité, une situation, et qu'il s'est hissé sur la scène
politique dont il est depuis plus de dix ans un des
principaux artistes. C'est par le même procédé que
tous les ministres et puissants du jour ont fait leur
chemin. Arrivés au pouvoir, il est vrai qu'ils ont mis
à conserver ce qu'ils voulaient détruire autant d'ardeur qu'ils en mettaient autrefois à l'attaquer. Mais
l'expérience ne nous a pas guéris. Le meilleur
moyen de se faire passer pour un parfait républicain
est encore d'employer le procédé, d'autres diraient le
truc, de M. Jules Ferry et de ses collègues ; c'est de
demander des « destructions », d'abord la destruction
du Sénat, ensuite la destruction de la Présidence.

Nous avons vu ce qu'il fallait penser de la suppression du Sénat, voyons pour la Présidence.

Comme il faut bien, bon gré, mal gré, que les lois
soient exécutées, — autrement il serait inutile d'en
faire, — ceux qui veulent la suppression de la
Présidence ne peuvent pas aller jusqu'à vouloir la
suppression du pouvoir exécutif. Ils se heurteraient
à une impossibilité. Ils ne réclament pas non plus
la réunion de tous les pouvoirs dans une seule
personne, — car alors leur ardeur de destruction et de
simplification républicaines les conduirait plus loin
qu'ils ne veulent aller et les ramènerait ouvertement
et directement à la monarchie absolue ; — ce qu'ils

demandent, c'est la réunion, dans une seule et
même Assemblée, du pouvoir législatif et du pouvoir exécutif, séparés aujourd'hui, du moins en apparence. Ce qu'il leur faut, ce n'est pas la destruction d'un pouvoir, c'est la destruction d'une
fonction et d'un organe ; ce n'est pas une suppression, c'est une prétendue simplification. Remar-
quons d'abord, une fois de plus, en passant, qu'entre
la Monarchie et le gouvernement par une Assemblée
disposant de tous les pouvoirs, la principale différence, abstraction faite de l'origine et de la durée
de l'une et de l'autre, consiste dans le nombre des
personnages auxquels se trouve dévolue la souveraineté. Mais il y a plus. Si l'on tient pour vraie la
définition que les observateurs et les philosophes de
toutes les époques ont donnée du despotisme, si l'on
s'en rapporte au témoignage des historiens de tous
les peuples et de tous les temps, on est obligé de
reconnaître que le caractère essentiel des gouvernements primitifs, barbares et despotiques, est dans
l'ordre politique la confusion des pouvoirs, comme,
dans l'ordre animal, la confusion des fonctions et
des organes est le signe certain de l'infériorité des
êtres. Supprimer l'organe spécial du pouvoir exécutif
ne serait donc pas, à ce point de vue, faire un pas en
avant, ce serait faire un pas en arrière ; ce ne serait

pas marcher vers la civilisation, ce serait reculer vers la barbarie. Persuadés de cette corrélation entre le perfectionnement des gouvernements et le perfectionnement des êtres par la spécialisation des organes et des fonctions, les Américains divisent tout ce qui est susceptible de division; ils spécialisent tout ce qui peut être spécialisé. Ils éprouvent pour la confusion ou la réunion de plusieurs pouvoirs quels qu'ils soient, nationaux, régionaux ou municipaux, législatifs, exécutifs ou judiciaires, en un seul corps ou en une seule personne, une sorte d'horreur instinctive qui semblerait tenir de la superstition, si l'on n'était prévenu qu'elle part d'un sentiment énergique, profond et réfléchi, des conditions nécessaires de toute civilisation politique, de tout gouvernement démocratique et libre.

La nomination du Président de la République par le Parlement, s'il était effectivement chargé du pouvoir exécutif, serait sans doute un progrès sur la concentration de la puissance législative et exécutive dans une même Assemblée. Mais un Président de la République, nommé par le Parlement, dont les émoluments sont fixés par le Parlement, est forcément sous la dépendance du Parlement. Jamais il n'osera, jamais il ne pourra résister au Parlement. Et du moment où le Corps législatif trouvera dans le Pré-

sident de la République un instrument docile de
ses volontés, de ses passions et de ses fantaisies, la
défense faite au législateur par la Constitution de
ne voter aucune loi contraire à la Liberté, pourra,
dans certains cas et pour un temps donné, devenir
illusoire. Aussi ne suffit-il pas de créer pour chaque
pouvoir un organe spécial. Il faut donner à cet organe
l'indépendance. Dans la République démocratique,
tous les pouvoirs doivent se contrôler et se balancer
les uns par les autres. Pour cela, ce n'est assez
qu'ils soient séparés, — une séparation peut être
fictive ou momentanée, — il faut qu'ils soient auto-
nomes ; il faut que, selon la fameuse expression de la
Cour suprême de Washington, ils soient « coordonnés et indépendants ». Il n'est pas nécessaire
que le Président de la République démocratique paraisse, comme le Président de la République française, assis sur un trône royal plutôt que sur un
fauteuil républicain. Il est illogique et, par conséquent, dangereux que le Président ait, comme
M. Jules Grévy, des attributions touchant à tous les
pouvoirs (1), attributions législatives, attributions judiciaires et attributions exécutives. Il ne faut pas
qu'il puisse empiéter sur la puissance législative par

(1) « Le Président de la République a l'initiative des lois concurremment avec les membres des deux Chambres. Il promulgue les

l'initiative des lois. Il ne faut pas qu'il ait la faculté d'ajourner le Parlement, quand il lui plaît. Il est insensé qu'il possède le droit régalien de dissoudre avec l'assentiment du Sénat la Chambre des députés nommée par le suffrage universel. Il est indispensable qu'il soit enfermé aussi strictement que possible dans ses fonctions exécutives (1). Mais,

lois lorsqu'elles ont été votées par les deux Chambres; il en surveille et en assure l'exécution.

« Il a le droit de faire grâce; les amnisties ne peuvent être accordées que par une loi.

« Il dispose de la force armée.

« Il nomme à tous les emplois civils et militaires.

« Il préside aux solennités nationales; les envoyés et les ambassadeurs des puissances étrangères sont accrédités auprès de lui.

« Chacun des actes du Président de la République doit être contresigné par un ministre. » (Loi constitutionnelle sur l'organisation des pouvoirs publics du 25 février 1875, art. III.)

« Le Président de la République prononce la clôture de la session. Il a le droit de convoquer extraordinairement les Chambres. Il devra les convoquer, si la demande en est faite, dans l'intervalle des sessions, par la majorité absolue des membres composant chaque Chambre.

« Le Président peut ajourner les Chambres. Toutefois, l'ajournement ne peut excéder le terme d'un mois, ni avoir lieu plus de deux fois dans la même session. » (Loi constitutionnelle sur les rapports des pouvoirs publics du 16 juillet 1875, art. II.)

(1) La deuxième et la troisième section de l'article deuxième de la Constitution des États-Unis définissent ainsi qu'il suit les pouvoirs et les devoirs du Président de la République américaine :

SECTION II. — *Pouvoirs du Président.*

1º Le Président sera commandant en chef de l'armée de terre et de mer des États-Unis et de la milice des divers États, quand elle sera appelée au service actif des États-Unis; il peut requérir l'opi-

en même temps, il est essentiel que, nommé directement par le Peuple, comme tous les agents chargés
d'exécuter la loi, exclusivement responsable devant
le Peuple, n'ayant de conseil à prendre que de l'o-
pinion publique, il ait, comme le Président de la

nion écrite du principal fonctionnaire de chacun des départements
exécutifs, sur tout objet relatif aux devoirs de leurs charges respectives, et il aura le droit de commutation et de grâce pour les délits
envers les États-Unis, excepté en cas de mise en accusation par la
Chambre des représentants.

2° Il (le Président) aura le pouvoir de faire des traités, de l'avis
et du consentement du Sénat, pourvu qu'ils soient approuvés par les
deux tiers des sénateurs présents; il nommera, de l'avis et du consentement du Sénat, et désignera les ambassadeurs, les autres ministres publics et les consuls, les juges de la Cour suprême et tous
les autres fonctionnaires des États-Unis aux nominations desquels
il n'aura pas été pourvu d'une autre manière dans cette Constitution,
et dont les fonctions seront créées par une loi. Mais le Congrès peut
par une loi attribuer au Président seul, aux cours de justice, ou
aux chefs de départements, la nomination des fonctionnaires subal-
ternes, comme il le jugera convenable.

3° Le Président aura le pouvoir de remplir toutes les vacances
qui pourront se présenter pendant l'intervalle entre les sessions du
Sénat, en donnant des commissions qui expireront à la fin de sa
prochaine session.

Section III. — *Devoirs du Président.*

De temps en temps le Président donnera au Congrès des informa-
tions sur l'État de l'Union, et il recommandera à sa considération
les mesures qu'il jugera nécessaires et convenables; il peut, dans des
occasions extraordinaires, convoquer les deux Chambres ou l'une
d'elles, et, en cas de dissentiment entre elles sur l'époque de leur
ajournement, il peut les ajourner à telle époque qui lui paraîtra
convenable. Il recevra les ambassadeurs et les autres ministres
publics; il veillera à la fidèle exécution des lois et délivrera leurs
commissions à tous les fonctionnaires des États-Unis.

République américaine, une situation assez indépendante et assez forte pour ne pas craindre d'opposer
son *veto* (1) aux lois qu'il jugera contraires au bien

(1) « Tout *bill* adopté par la Chambre des représentants et par le
Sénat sera, avant d'avoir force de loi, présenté au Président des États-
Unis; s'il l'approuve, il y apposera sa signature, sinon il le ren-
verra avec ses objections à la Chambre dans laquelle il aura pris
naissance, et ladite Chambre consignera intégralement les objections du Président sur son journal, et discutera de nouveau le *bill*.
Si, après cette seconde discussion, le *bill* réunit en sa faveur les
deux tiers de ladite Chambre, il sera envoyé avec les objections du Président à l'autre Chambre, qui le discutera également;
et si la même majorité l'approuve, il deviendra loi. Mais, en pareil
cas, les votes des Chambres seront recueillis par *oui* et par *non*, et
les noms des membres votants pour ou contre seront consignés sur
le journal de leurs Chambres respectives. Tout *bill* qui n'aura pas
été renvoyé par le Président dans les dix jours (les dimanches ex-
ceptés) de la présentation qui lui en aura été faite, aura force de
loi, comme si le Président l'avait signé, à moins que le Congrès n'en
empêche le renvoi en s'ajournant, auquel cas le *bill* n'aura pas
force de loi. (Constitution des États-Unis, art. Ier, section vii, § 2).

« Tout ordre, résolution ou vote pour lequel le concours des deux
Chambres est nécessaire (excepté pour la question d'ajournement)
sera présenté au Président des États-Unis, et approuvé par lui
avant de recevoir son exécution; s'il le rejette, il doit être de nouveau adopté par les deux tiers des deux Chambres, suivant les règles
prescrites pour les *bills*. » (Constitution des États-Unis, art. II, section vii, de la confection des lois, §§ 2 et 3.)

Le Président de la République française n'a pas le droit de
veto; seulement dans le délai fixé pour la promulgation, c'est-à-dire
« dans *le mois* qui suit la transmission au gouvernement de la loi
définitivement adoptée », ou « dans les *trois jours* » pour les lois
dont « la promulgation aura été déclarée urgente dans l'une et
l'autre Chambre », il pourra « par un Message motivé demander
aux deux Chambres une nouvelle délibération qui ne peut être re-
fusée ». (Loi constitutionnelle sur les rapports des Pouvoirs publics,
du 16 juillet 1875, article 7.)

public ou de déférer à la Cour suprème celles qui lui
paraîtront inconstitutionnelles. Il faut, en un mot,
qu'il puisse, sous sa responsabilité personnelle, exécuter ou ne pas exécuter la loi.

En outre de ces raisons de droit, quelques membres de la Convention de Philadelphie invoquaient
contre l'élection du Président par le Parlement des arguments d'un autre ordre. Ils soutenaient que l'application de ce système ne pouvait manquer de donner
lieu « à des cabales, à des intrigues et à la corruption, ces ennemis mortels, disait Hamilton, du gouvernement républicain ». Nous avons vu la cabale de
l'élection du maréchal de Mac-Mahon, et les mar-
chandages qui ont précédé l'élection des 75 sénateurs
inamovibles : oserions-nous prétendre que ces républicains avaient tort, et que leurs défiances faisaient
injure à l'intégrité des Parlements?

Cette première question de la nomination du
Président étant résolue, on pouvait se demander
si le pouvoir exécutif serait confié à un ou à
plusieurs agents, à un triumvirat, à un conseil
exécutif ou à un comité. Nous avons fait en France,
sous le Directoire, l'expérience d'un pouvoir
exécutif multiple. Elle a radicalement échoué,
surtout, dit Jefferson, à cause « des jalousies intes-
tines et des dissensions qui se sont élevées parmi ses

membres, et qui ne pouvaient manquer de naître parmi des hommes égaux en pouvoirs, n'ayant au-dessus d'eux aucun supérieur capable de décider entre eux et de dominer leurs différends (1) ». Les Américains avaient, de leur côté, fait une épreuve du même genre en 1784. Ils avaient, dans l'inter-valle des sessions du Congrès, investi de l'exer-cice des fonctions exécutives un comité de treize membres. Presque aussitôt on vit éclater parmi eux des divisions qui bientôt rendirent impos-sible toute coopération; alors ils se séparèrent, laissant le gouvernement à l'abandon. « On at-tribua cet évènement, écrit encore Jefferson, au caractère de deux ou trois individus, mais les hommes sages n'en accusèrent que la nature de l'homme (2). »

Enfin, un des motifs pour lesquels les Américains, instruits par l'expérience, ont établi l'unité dans le pouvoir exécutif, c'est qu'ils n'ont pas voulu diviser la responsabilité incombant aux agents chargés de l'exercice de ce pouvoir. Ils ont concentré sur une seule tête cette responsabilité, afin que jamais le Peuple n'ignorât à qui il devait s'en prendre de l'exé-

(1) Jefferson, *Correspondance* : lettre à M. Destutt de Tracy, 26 janvier 1811, page 143.
(2) *Ibidem.*

cution ou de l'inexécution des lois, et qui il devait, le cas échéant, frapper et punir.

Dans la pratique, on sait comment les choses se passent pour la nomination du Président en France et en Amérique.

En France, rien de plus simple : les deux Chambres réunies nomment le Président de la République à la majorité absolue des suffrages (1).

Aux États-Unis, le Peuple élit dans chaque «État» un nombre d'électeurs égal à celui des sénateurs et des députés qu'il envoie au Congrès. Ces électeurs se réunissent dans leurs « États » respectifs, et votent pour un candidat à la Présidence. Les résultats de ces votes sont envoyés au Président du Sénat sous un pli cacheté qui est ouvert en séance publique. Le candidat qui a obtenu le plus grand nombre de voix est proclamé Président de la République ; et, pour éviter les retards et l'agitation d'un second tour de scrutin, c'est-à-dire d'une seconde élection présidentielle, il a été décidé que, dans le cas où aucun des candidats n'aurait obtenu la majorité absolue, la Chambre des députés

(1) « Le Président de la République est élu à la majorité absolue des suffrages par le Sénat et par la Chambre des députés réunis en Assemblée nationale. » (Loi relative à l'organisation des pouvoirs publics du 25 février 1875, article II.)

élirait immédiatement le Président parmi les trois candidats ayant réuni le plus de suffrages (1).

Ce mode d'élection assez compliqué équivaut, en

(1) « Chaque « État » nommera, suivant le mode prescrit par sa législature, un nombre d'électeurs égal au nombre total des sénateurs et des représentants que l'« État » a le droit d'envoyer au Congrès ; mais nul sénateur ou représentant et nulle personne remplissant des fonctions auxquelles sont attachés confiance ou profit, sous le gouvernement des États-Unis, ne sera nommé électeur.

« Les électeurs se réuniront dans leurs « États » respectifs, et voteront, au scrutin, pour la nomination du Président et du Vice-Président, dont l'un au moins ne sera pas habitant du même « État » qu'eux ; dans leurs bulletins, ils nommeront la personne qu'ils portent à la Présidence, et dans des bulletins distincts, celle qu'ils portent à la Vice-Présidence ; ils relèveront sur des listes distinctes les noms de toutes les personnes portées pour la Présidence, de toutes celles portées pour la Vice-Présidence et le nombre de votes obtenus par chacune d'elles ; signeront et certifieront ces listes, et les transmettront scellées au siège du gouvernement à l'adresse du président du Sénat. Tous les procès-verbaux seront, en présence des deux Chambres, ouverts par le président du Sénat, et les votes comptés : sera Président celui qui aura obtenu le plus grand nombre de suffrages pour la Présidence, si ce nombre forme la majorité de tous les électeurs réunis ; si nul n'a obtenu cette majorité, parmi les trois candidats ayant réuni le plus de voix pour la Présidence, la Chambre des représentants choisira immédiatement, et par la voie du scrutin, le Président. Dans ce choix du Président, les votes seront comptés par « État », la représentation de chaque « État » n'ayant qu'un vote ; la présence d'un membre ou des membres de deux tiers des « États », et la majorité de tous les « États » seront nécessaires pour ce choix.

« Quand elle y sera appelée, si la Chambre des représentants ne choisit pas le Président avant le quatrième jour du mois de mars suivant, le Vice-Président sera Président, comme en cas de mort ou d'incapacité constitutionnelle du Président.

« Aucun individu autre qu'un citoyen de naissance, ou étant citoyen des États-Unis lors de l'adoption de cette Constitution, ne peut être éligible à la place de Président. Aucune personne ne sera éligible

somme, à l'élection directe par le suffrage universel. Les électeurs présidentiels reçoivent un mandat impératif; ils ne sont que les instruments passifs de la volonté populaire. Dans la pratique, on n'aperçoit même pas la fiction du collège électoral. Nous avons assisté à la première élection du général Grant. Deux mois à l'avance, les rues étaient pleines d'affiches, de drapeaux, de banderoles, sur lesquels on lisait : « *Votes for Ulysses Grant!* » et le soir du jour où le collège électoral présidentiel avait été élu, les journaux annonçaient l'élection du général. Le nom des électeurs n'avait pas été prononcé.

En même temps que le Président, un Vice-Président est nommé de la même manière. Il préside habituellement le Sénat, et, en cas de mort du Président, il le remplace immédiatement (1). De cette manière,

à cette place à moins d'avoir atteint l'âge de trente-cinq ans, et d'avoir résidé quatorze ans aux États-Unis.

« Le Congrès peut déterminer l'époque du choix des électeurs, et le jour auquel ils donneront leurs suffrages, lequel sera le même pour tous les États-Unis. » (Constitution des États-Unis, art. II, du Pouvoir exécutif, section 1, du Président.)

Aux termes de la Constitution du 25 février 1875, aucune condition d'âge ni de nationalité n'est requise pour l'éligibilité aux fonctions de Président de la République française.

(1) « En cas de vacance par décès ou pour toute autre cause, les deux Chambres réunies procèdent immédiatement à l'élection d'un nouveau Président.

« Dans l'intervalle, le conseil des ministres est investi du pouvoir exécutif. » (Loi constitutionnelle du 25 février 1875, art. VII.)

le pouvoir exécutif ne reste jamais vacant ; il ne tombe jamais aux mains du pouvoir législatif (1). Même, dans ce cas, le principe de l'indépendance des pouvoirs est sauvegardé. En France, où la confusion des pouvoirs est la règle, et où le Président de la République n'est, en réalité, que le délégué du Parlement, pareille précaution était inutile. En cas de vacance, le cabinet parlementaire est investi des pouvoirs présidentiels jusqu'à l'élection du nouveau Président.

(1) « En cas de destitution, mort, démission, ou incapacité du Président d'user des pouvoirs et de s'acquitter des devoirs de ladite charge, ils seront dévolus au Vice-Président, et le Congrès peut pourvoir par une loi au cas de destitution, mort, démission ou incapacité simultanée du Président et du Vice-Président, en indiquant le fonctionnaire qui remplira alors les fonctions de Président ; et ce fonctionnaire agira en conséquence, jusqu'à ce que l'incapacité ait cessé ou qu'un Président ait été élu.

« Celui qui réunira le plus de suffrages pour la Vice-Présidence sera Vice-Président, si ce nombre forme la majorité de tous les électeurs réunis ; si nul n'a cette majorité, le Sénat choisira le Vice-Président parmi les deux candidats ayant le plus de voix ; la présence des deux tiers des sénateurs, et la majorité du nombre total, sont nécessaires pour ce choix.

« Toute personne constitutionnellement inéligible à la Présidence des États-Unis le sera également à la Vice-Présidence. » (Constitution des États-Unis, art. II, section I, §§ 2 et 6.)

Le Congrès, par une loi du 1er mars 1792, a décidé que dans le cas de destitution, mort, démission ou incapacité du Président et du Vice-Président simultanément, le Président du Sénat *pro tempore* remplirait les fonctions de Président, et qu'à son défaut le *speaker* (président) de la Chambre des représentants remplirait les mêmes fonctions.

Le Peuple américain a élu jusqu'à ce jour vingt Présidents, sur lesquels six ont été réélus, et ont conservé le pouvoir pendant huit ans. Aucun d'eux n'a donné sa démission, et, pour se convaincre de la merveilleuse clairvoyance du suffrage universel, quand il fonctionne dans la plénitude de son indépendance et de sa liberté, il suffit de jeter les yeux sur cette liste éclatante de Présidents, où sont inscrits les noms de Georges Washington, John Adams, Thomas Jefferson, Madison, Monroë, Quincy Adams, Jackson, le grand patriote démocrate Lincoln, et le général Grant.

Malgré les excellents résultats qu'il a donnés aux États-Unis, le système de l'élection du chef du pouvoir exécutif par le Peuple est énergiquement repoussé par l'immense majorité, sinon par l'unanimité des républicains français, depuis le jour où le prince Louis-Napoléon Bonaparte, Président de la République française, élu par le suffrage universel, a violé la Constitution républicaine de 1848. Du moment où ils admettent la théorie de la délégation de la souveraineté nationale, les républicains ont, il faut le reconnaître, parfaitement raison. Si, en effet, le Président de la République et l'Assemblée, nommés tous les deux par le Peuple, peuvent légitime-

ment se dire et se croire investis d'une portion égale
et concurrente de la souveraineté nationale, il est
absolument inévitable qu'un conflit éclate entre eux.
Si, d'autre part, la souveraineté du Peuple n'est
qu'une fiction dont chacun se moque dans la mesure de ses appétits et de ses forces; si la puissance
législative de l'Assemblée est illimitée, si elle peut
supprimer une partie des électeurs qui l'ont élue,
comme l'a fait l'Assemblée de 1849; si le Peuple,
dépouillé de sa liberté, n'a aucun moyen d'intervenir entre les deux pouvoirs; s'il ne peut ni faire
prévaloir sa volonté, ni obtenir la Revision de la
Constitution; si, enfin, le Président de la République, élu par le suffrage universel, a pour lui, —
et c'est fatal, — l'armée dont il est le chef légal, et
peut-être l'opinion publique, la lutte entre le pouvoir exécutif et le pouvoir législatif, entre celui qui
peut agir, et celui qui ne peut que délibérer, aura
pour conséquence la défaite certaine du Parlement
et l'usurpation probable du Président. Mais doit-on
et peut-on conclure de là que l'élection du Président
par le Parlement soit une garantie contre les entreprises du pouvoir exécutif et contre le retour
du despotisme? Le mode d'élection du Président
n'a pas, que nous sachions, protégé la République
contre l'attentat du 16 Mai. Le Président d'alors,

élu cependant par le Parlement, aurait-il reculé devant un crime, s'il avait cru avoir des chances sérieuses d'en tirer profit, s'il n'avait pas été à l'apogée de l'impopularité, si, enfin, avec un peu du prestige et de la popularité du prince Louis-Napoléon, il avait eu des ministres comme MM. de Morny et de Saint-Arnaud (1)? — Non! — Aussi ne faut-il pas chercher un refuge contre les coups d'État, contre le despotisme et contre la dictature, dans la nomination du Président de la République par le Parlement, ni dans le remplacement de la Présidence par un cabinet responsable dont le chef serait Président de la République, comme le demandait M. Jules Grévy en 1848, ni dans la suppression de la Présidence à laquelle serait substitué soit un Directoire, soit un Comité qui, selon les circonstances et les passions du moment, s'appellerait Comité de salut public, ou Comité de gouvernement.

Le prince Louis-Napoléon, dont on invoque aujourd'hui l'exemple contre l'élection du Président de la République par le suffrage universel, disait dans sa proclamation au Peuple français du 14 janvier 1852 : « Puisque la France ne marche depuis cinquante ans qu'en vertu de l'organisation admi-

____

(1) L'ancien comité des Dix-Huit est édifié à cet égard.

20

nistrative, militaire, judiciaire, religieuse, financière du Consulat et de l'Empire, pourquoi n'adop-
terions-nous pas aussi les institutions de cette
époque? » Ce que le prince Louis-Napoléon disait
en janvier 1852, le prince Jérôme-Napoléon, ou tout
autre, qui se prétendrait plus digne et serait plus
populaire, pourrait le dire en janvier 1881. L'argument invoqué par le Prince-Président, pour justifier
son usurpation, a conservé toute sa valeur. Rien n'est
changé. « Notre édifice social, disait encore le prince
Louis dans la même proclamation, est l'œuvre de
l'empereur, et cette œuvre a résisté à sa chute et à
trois révolutions. » Au lieu de trois, mettez quatre
révolutions : la phrase reste d'une vérité incontestable, absolue. Qui a créé la hiérarchie administrative
dont profitent aujourd'hui les nouvelles couches républicaines? — L'Empire. Qui a inventé les préfets?
— L'Empire. Les sous-préfets? — L'Empire. Les
maires modernes? — L'Empire. L'inamovibilité de la
magistrature? — L'Empire. La Légion d'honneur?
— L'Empire. La préfecture de police? — L'Empire.
Le Concordat? — L'Empire. Quelles sont les lois
politiques, civiles et religieuses que la République
applique aujourd'hui? — Les lois de l'Empire. Et le
fidèle héritier de la tradition impériale, le prince
Napoléon, félicite les ministres de l'excellent usage

qu'ils savent faire de l'instrument impérial (1). Donc l'Empire est debout. Et, tant que l'Empire existe, l'Empereur est à craindre. Il peut aussi bien s'appeler du nom de je ne sais quel Dumanet obscur aujourd'hui, célèbre demain, que Jérôme ou Victor Bonaparte. La dictature peut sortir d'un coup d'État militaire, ou d'un coup d'État parlementaire, ou bien encore d'un enchaînement habilement préparé de mesures législatives, administratives et militaires d'une scrupuleuse légalité. Contre de pareilles éventualités, contre la dictature, contre le retour du despotisme césarien, il n'existe qu'une seule garantie efficace et sérieuse. Ce n'est pas l'élection du Président de la République par le Parlement; ce n'est pas le droit de réquisition accordé aux Présidents de la Chambre et du Sénat; ce n'est pas la destruction du Sénat; ce n'est pas la destruction de la Présidence; c'est la seule destruction dont les coureurs de portefeuilles ne se soient jamais sérieusement avisés, c'est la destruction de l'Empire; c'est la restitution au Peuple de la souveraineté qui lui appartient, et que le Roi, l'Empereur ou les Assemblées ont tour à tour usurpée; c'est la division des pouvoirs dont la concentration autrefois opérée par la

---

(1) Voir la lettre du prince Jérôme-Napoléon relative aux décrets concernant les congrégations non autorisées.

Monarchie, dans l'intérêt de son despotisme, a été
scrupuleusement conservée par le parlementarisme
et le césarisme ; c'est la séparation de ce qui est
confondu ; c'est la constitution d'un pouvoir exécutif
indépendant du pouvoir législatif ; c'est l'exécution
du serment prêté en 1869 par M. Gambetta jurant
d'employer son influence et son éloquence à la réalisation de cette réforme nécessaire : l'élection de
tous les fonctionnaires par le suffrage universel (1) ;
c'est la nomination directe par le souverain moderne, le Peuple, de tous les agents exécutifs depuis
le garde champêtre jusqu'au Président de la République.

(1) Profession de foi de M. Léon Gambetta, candidat de la 1re circonscription de la Seine, en 1869.

CHAPITRE II

Quel doit être le rôle des ministres dans la Républiclue démocratique ? Faut-il qu'ils forment un cabinet responsable, comme dans la monarchie aristocratique d'Angleterre et dans la République parlementaire française ? Faut-il au contraire qu'ils n'aient aucune responsabilité collective et politique, comme dans la République démocratique des États-Unis ?

Ce n'est pas seulement la nature et l'étendue des pouvoirs présidentiels qui dépend de la solution de cette question, la plus grosse de toutes celles se rattachant à l'exercice de la puissance exécutive, c'est l'existence même du gouvernement démocratique, c'est l'avenir de la République.

Les ministres secrétaires d'État de la République américaine n'ont pas le droit d'entrer dans les Chambres. Ils ne proposent pas les lois ; ils ne les combattent pas ; ils ne les défendent pas ; ils ne

prennent pas part à leur discussion. Ils sont, dans
l'exécution des lois, les auxiliaires du Président de
la République. On a dit qu'ils étaient plutôt ses
commis que ses conseillers. C'est possible. En tout
cas, ce sont des commis utiles, ne dépensant pas
leur temps en luttes oratoires toujours coûteuses et
stériles, ayant le loisir et la volonté de méditer, de
travailler et d'agir.

Le cabinet du Président de la République américaine se compose de sept membres (1), qui sont (2) :

1º Le Ministre d'État, — chargé des affaires
étrangères et des sceaux ;

2º Le Ministre de la trésorerie, — chargé de la
surveillance générale des opérations financières du
gouvernement et de la perception des impôts. Il
s'occupe de la comptabilité publique, de l'exécution
des lois concernant le commerce et la navigation,
de la garde des côtes, de l'établissement des phares,
des hôpitaux maritimes et des entrepôts de douane ;

3º Le Ministre de la guerre — a pour mission de
suppléer le Président de la République dans les
fonctions de commandant en chef de l'armée qui

(1) Leurs appointements sont de 8,000 dollars sans frais de représentation.

(2) Ces renseignements ont été fournis par les différents ministres
de la République des États-Unis.

sont confiées au Président par la Constitution (1);

4° Le Ministre de la marine — a les mêmes attributions que le ministre de la guerre (2);

5° Le Ministre de l'intérieur, — chargé de la direction des terres publiques (3), des pensions accordées par le Congrès, des affaires indiennes, des brevets d'invention, de l'administration du district de Colombie et des mines. Il a sous ses ordres *quarante-six* fonctionnaires, dont seize surveillants des terres publiques;

6° L'Avocat général (*attorney general*) — donne officiellement son opinion sur toutes les affaires courantes du gouvernement, lorsqu'il en est requis par le Président de la République, ou par un ministre, ou par l'avocat du Trésor. Il examine les titres

(1) En 1861, avant la révolte des Confédérés, l'armée des États-Unis n'était que de 14,000 hommes. Pendant la guerre elle s'est élevée à 2,653,063 hommes. Le 15 octobre 1879, d'après le rapport annuel présenté au mois de décembre de la même année par le général en chef, elle était composée de 24,262 hommes, comprenant dix régiments de cavalerie, cinq régiments d'artillerie, vingt-cinq régiments d'infanterie, un bataillon d'ingénieurs, les officiers de recrutement, les vedettes indiennes, le service des hôpitaux, le personnel de l'école militaire de West-Point et de l'administration centrale.

Le général en chef de l'armée américaine est le général Sherman, et le lieutenant-général, le général Sheridan.

(2) La flotte américaine se compose de 92 navires de guerre, dont 4 monitors et 8 transports.

(3) Les terres publiques sont les terres non encore exploitées, qui sont du domaine national, et que le gouvernement vend ou concède.

de propriété des terrains que le gouvernement se propose d'acquérir pour y établir des arsenaux, des douanes, des phares et autres édifices publics ; il donne son avis sur les demandes en grâce formées à la suite de jugements rendus par les tribunaux des États-Unis ; il dirige enfin et il plaide devant la Cour suprême les procès concernant le gouvernement ; il doit aussi surveiller les procès dans lesquels sont intéressés les divers ministères, lorsqu'il en est requis par un ministre. Il a sous ses ordres deux substituts (1) et un premier clerc (2) ;

7° Le Maître général des postes.

En outre de ces sept ministres formant ce qu'on appelle le cabinet, le Congrès a récemment établi deux autres Départements ministériels ; mais leurs chefs ne font pas partie du cabinet. Ces Départements sont :

1° Le Département de l'Agriculture, — dont le titulaire (3) a pour mission de donner au Peuple tous les renseignements utiles concernant l'agriculture ; de distribuer et de propager dans le Peuple les nouvelles graines et les nouveaux plants ; de

---

(1) Chacun reçoit annuellement 4,000 dollars (20,000 francs).

(2) Reçoit 11,000 francs.

(3) A le titre de Commissaire de l'agriculture. Appointements : 3,000 dollars (15,000 francs).

dresser annuellement une statistique générale des produits de l'agriculture, et de faire en même temps un rapport au Président. Le Département de l'agriculture possède un musée, une bibliothèque, un jardin, une ferme modèle et un laboratoire de chimie à l'usage des agriculteurs.

2° Le Département de l'éducation, — dont le titulaire (1) n'a pas d'autres fonctions que de faire annuellement un rapport au Président de la République et au Congrès sur l'état de l'enseignement aux États-Unis.

On voit que les ministres aux États-Unis n'ont aucune attribution législative, ni judiciaire, ni même administrative, dans le sens que nous sommes habitués à donner à ce mot, quand nous l'appliquons aux choses gouvernementales. A l'exception du ministre des affaires étrangères, aucun secrétaire d'État n'a d'attributions politiques. On peut même dire qu'en dehors des ministères spéciaux, comme les *affaires étrangères,* la *guerre,* la *marine* et les *postes,* les ministères ne sont, dans la République américaine, que des bureaux de renseignements et de statistique à l'usage du gouvernement et du public.

(1) A le titre de Commissaire de l'éducation. Appointements : 3,000 dollars (15,000 francs).

Sans doute les ministres aux États-Unis ont des fonctions modestes, mais, du moins, peuvent-ils les bien remplir, et ne pas ameuter contre eux, dès le début de leur administration, l'opinion publique. En France, un cabinet est à peine formé qu'il a tout le monde contre lui. On s'est demandé pourquoi? C'est que le public a l'instinct que le ministère d'aujourd'hui ne fera rien de plus que le ministère d'hier. Et le public a raison. Les ministres ne sont pas mauvais, ou, pour mieux dire, ils ne sont pas plus mauvais les uns que les autres. Ils se valent. On changerait cent fois de ministère qu'on ne ferait pas plus de progrès. C'est le système qui ne vaut rien.

Vous tous, qui reprochez avec raison aux ministres de la République de laisser pendants tous les problèmes politiques et sociaux, de n'éclairer aucune question, de n'aboutir à aucune solution, vous êtes-vous jamais inquiétés de ce qu'en France on attendait d'un ministre? — On lui demande de recevoir par jour deux cents visiteurs, d'apposer sa signature sur un nombre incalculable de lettres, de nominations et de révocations, d'entendre les rapports de ses directeurs et chefs de services, d'assister aux conseils des ministres et aux séances des Chambres, d'aller dans le monde, de donner des dîners, des soirées et des bals..., d'embrasser d'un coup d'œil toute la vie d'un grand Peuple, vie publique, vie privée, affaires intérieures, relations avec l'étranger, — d'avoir sur toutes les questions, quelles qu'elles soient, une opinion raisonnée; — d'écrire des circulaires et d'improviser des discours sur n'importe quel sujet : le conflit austro-russe, ou la révocation d'un juge de paix. Sans préparation, sans transition, d'un coup de baguette parlementaire, on fait, d'un médiocre avocat de province, un ministre de l'intérieur; d'un ingénieur, un ministre des affaires étrangères; d'un bijoutier, un ministre de l'agriculture; d'un partisan farouche de la liberté d'enseignement, un grand-maître de l'Université. Et il faut que le malheureux subitement transformé en homme d'État, à l'ébahissement de sa famille et des siens, sache tout, connaisse tout, réponde à tout, soit prêt à tout, capable de tout. Il faut qu'il soit écrivain, orateur, législateur, administrateur, et, par-dessus le marché, qu'il soit homme ! On remplacerait M. de Freycinet par M. Gambetta, M. Gambetta par M. Clémenceau, M. Clémenceau par M. Humbert, M. Humbert par M. Henri Rochefort, M. Henri Rochefort par M. Trinquet, — pour ensuite reprendre, en sens contraire, toute la gamme des hommes politiques jusqu'à M. Jules Simon, à M. Dufaure, à M. Buffet et à M. de Broglie, — qu'on n'aurait fait que de la politique d'écureuil : comme l'a justement prédit M. Émile de Girardin, on n'aurait pas accompli une réforme, on n'aurait pas fait un pas.

Plus on changera, plus ça sera la même chose.

Si l'on s'obstine à conserver la responsabilité ministérielle ; si, au lieu de travailler à reviser la Constitution, on s'amuse à renverser des ministères, les ministres dont on essaiera successivement, les ferait-on venir en droite ligne de Nouméa, seront tous plus mauvais les uns que les autres. Seulement, à force de jouer à ce jeu, l'existence même de la République peut être compromise par la déception, par la lassitude, par l'exaspération générales. Et qu'on y prenne garde ! Nous savons, hélas ! par expérience, ce dont un empereur est capable pour sauver une couronne et fonder une dynastie. Nous sommes rebattus des palinodies auxquelles peut se livrer un ministre pour conserver un portefeuille. Puissions-nous ne jamais connaître les fautes auxquelles peuvent se laisser entraîner, pour rétablir leur crédit et sauver leur hégémonie, ceux qui tiennent les ficelles des pantins ministériels et des gouvernements parlementaires !

Avec le système parlementaire, non-seulement il n'y

a pas de bons ministres, il n'y a pas de bons députés. La
responsabilité ministérielle corrompt le Parlement.
Elle détourne le député de ses devoirs de législateur.
Elle allume la convoitise. Elle engendre la cabale,
l'intrigue et les coalitions déshonorantes. Toutes les
questions sont rapetissées et ramenées au point de
vue étroit du renversement ou du maintien du cabinet. L'objectif n'est plus le bien public, mais la
possession des portefeuilles par tel ou par tel. C'est
la grosse préoccupation de tous les instants, l'u-
nique affaire constamment à l'ordre du jour. On ne
se demande plus quelles pourront être les conséquences politiques et sociales des lois en discussion,
mais quelle influence pourront avoir leur adoption
ou leur rejet sur l'existence du cabinet. Les partis
politiques, au dedans comme au dehors de l'enceinte
législative, perdent de vue tous les intérêts qui ne se
rattachent pas directement à la question ministérielle. La presse est entraînée par le courant. Les
questions philosophiques, les questions constitutionnelles, d'où dépendent la grandeur et l'existence
même d'une nation, sont écartées de parti pris.
Ceux qui les soulèvent sont traités d'ennemis de la
République. Même le vote du budget, cette fonction
capitale de tout Parlement, devient une simple formalité que les députés accomplissent à la hâte, la

veille des vacances, sans observation, sans discussion. Mais la nomination du juge de paix d'un chef-
lieu de canton, ou la suspension du maire d'une
commune de cent habitants, donnent lieu à une in-
terpellation et à d'interminables discours. Le même
fait devient l'occasion d'une crise ministérielle, d'un
changement radical dans la politique intérieure et
extérieure, de la révocation d'un nombre incalculable de fonctionnaires, et peut enfin, selon les circonstances, plonger le pays dans l'anxiété, amener
avec la baisse des valeurs la paralysie des affaires.

Ce système n'est pas, d'ailleurs, une nouveauté
républicaine. Une fois déjà la France a pu l'apprécier
et le juger. C'est contre lui qu'elle a fait le 24 Février 1848, cette révolution qu'on a appelée « la
Révolution du mépris ». Il a essayé de reparaître
avec l'Empire libéral, et l'annonce seule de son ap-
parition a coïncidé avec les plus étranges folies gouvernementales et les plus grands désastres nationaux
dont l'histoire fasse mention. Cependant, malgré ces
précédents suspects, il est devenu, on ne sait comment, un des articles de foi du nouveau *Credo* républicain. On voit les démocrates les plus déterminés
et les plus écoutés rompre des lances en sa faveur.
Nous ne parlerons pas de M. Gambetta, qui, naturellement, trouve excellent un système dont il est le

pivot unique et nécessaire. Mais il n'est pas le seul. Tous les jours, la *Justice,* organe du député de Montmartre, ce Mont Aventin de la Révolution moderne, demande que « le système parlementaire soit appliqué en France selon les règles en usage dans tous les pays libres ». Cette phrase, nous allions dire ce cliché, est devenu le programme de toute une opposition. Le public frivole se contente ou paraît se contenter de cette politique. On embarrasserait pourtant beaucoup les admirateurs de ce cliché, puisque cliché il y a, et surtout ses auteurs, si on leur demandait de vouloir bien nous citer ces fameux « pays libres » qu'ils nous offrent perpétuellement comme des modèles à suivre. Si l'honorable M. Clémenceau, membre influent, sinon dirigeant, de l'Extrême-Gauche républicaine, estime que les institutions monarchiques peuvent se concilier avec la liberté républicaine et démocratique, il pourrait évidemment, avec beaucoup d'audace, répondre qu'il entend par « pays libres » plusieurs des monarchies de la vieille Europe qui, pour la plupart, à l'exception de la Russie, appliquent plus ou moins les règles du système parlementaire. Mais si, au contraire, il est d'avis, comme le sont sans doute, et avec raison, ses électeurs, qu'il n'y a de « pays libres » que les pays républicains, qu'il nous dise

donc, une bonne fois, de quel « pays libre » il veut
parler, si ce n'est de la République nègre d'Haïti ?

A quoi sert donc l'histoire? et qu'est-ce que la politique, si elle n'est pas la science d'observer les
évènements, de noter leurs effets et leurs causes, et
d'en tirer des enseignements? A défaut de notre
propre histoire, nous avons pour nous guider dans la
recherche de la Liberté l'histoire des autres nations.
Au siècle dernier, Montesquieu disait du fondateur
de l' « État » de Pensylvanie, de William Penn, l'auteur de la première Constitution américaine, qui a
servi à toutes les autres de principe et de modèle,
« qu'il était un des plus grands hommes que l'humanité ait produits ». Il lui décernait le surnom de
« Lycurgue des temps modernes ». C'est à la République américaine que l'Assemblée constituante
a pris l'idée de la Déclaration des Droits de l'Homme
et du Citoyen, l'acte le plus considérable et le plus
durable de la Révolution française. On songeait
à la République sous la Monarchie. Sous la République, on ne songe plus qu'à la Monarchie. Ce
n'est pas à la démocratique Amérique que nos sans-
culottes modernes vont demander des exemples, c'est
à l'aristocratique Angleterre. On lui prend tout ce
qu'elle a de mauvais. On lui laisse tout ce qu'elle a

de bon. Le parlementarisme, tel que le pratiquent les Anglais, n'a' jamais donné que de mauvais résultats, même dans le pays qui l'a inventé, dans le pays qu'il est convenu d'appeler la « terre classique du parlementarisme ». A proprement parler, il n'a jamais bien fonctionné nulle part. On le copie, mais on se garde bien d'emprunter à l'Angleterre les institutions qui, jusqu'ici, ont eu la vertu de contre-balancer les déplorables effets de la responsabilité ministérielle : la liberté illimitée de réunion, la liberté d'association, la liberté de la presse, le self-government local, l'autonomie communale et une organisation judiciaire qui est à la nôtre ce que la justice est à l'inquisition. On ne se demande même pas si le système parlementaire, qui offre déjà beaucoup d'inconvénients dans une monarchie aristocratique, où la terre appartient à quelques milliers d'individus, et où le suffrage n'est pas universel, est applicable dans une Démocratie, où la grande majorité est propriétaire, où le suffrage est universel, où enfin l'administration et la politique sont tellement centralisées qu'une crise ministérielle ne peut éclater sans que la plus petite Commune n'en éprouve le contre-coup. Les plus éminents publicistes de l'Angleterre, et les plus « libéraux » n'hésitent pas cependant à déclarer que le gouvernement parlemen-

taire, ou, pour parler comme les Anglais, le
« Gouvernement de Cabinet », n'est praticable que
dans un pays où le monarque, entouré du respect
universel et appuyé sur une puissante aristocratie
terrienne, peut jouer le rôle, accepté par la Nation
tout entière, d'arbitre suprême entre les partis.
Quand, sous l'Empire, M. Prévost-Paradol recom-
mandait à « la France nouvelle (1) » d'adopter les institutions parlementaires de l'Angleterre, M. Bagehot
lui répondait : « Le gouvernement de cabinet n'est
possible que dans un pays respectueux (2). » Allons-
nous donc, pour introniser en France une forme
illogique de gouvernement, restaurer les idoles du
passé et nous prosterner devant elles?

Ainsi on ne peut invoquer, en faveur de la responsabilité ministérielle, ni l'expérience de tous les jours
dont tout le monde se plaint, — conservateurs et
républicains, — ni l'histoire, ni l'exemple des « pays
libres ». Il ne reste à ses défenseurs qu'un seul argument qui a sa valeur, parce qu'il répond à une ancienne et légitime préoccupation de la Démocratie.
On dit que la responsabilité ministérielle est une

(1) *La France nouvelle,* par M. Prévost-Paradol, de l'Académie
française. Paris, Michel Lévy frères, éditeurs, 1868.
(2) *La Constitution anglaise,* par P. Bagehot, traduction de
M. Gaulhiac, Paris, 1869, Germer Baillière, éditeur.

garantie contre ce qu'on appelle le « gouvernement personnel », contre la dictature.

Examinons quelle peut être la valeur réelle de cet argument.

Première hypothèse :

Le Président de la République est d'accord avec la majorité du Sénat et en désaccord avec la Chambre des députés. Rien n'empêche dans ce cas le Président de prendre ses ministres dans la majorité du Sénat. Appuyé sur le suffrage restreint, il peut se livrer aux plus coupables entreprises contre le suffrage universel; il peut dissoudre la Chambre des députés, et, pour peu que le pays s'y prête, avant qu'une Chambre nouvelle se réunisse, il pourra cent fois étrangler la République.

Quelle est en pareil cas la garantie offerte par la responsabilité ministérielle contre le gouvernement personnel, contre la dictature?

Deuxième hypothèse :

Le Président de la République est d'accord avec la majorité du Sénat et de la Chambre des députés, ou simplement avec la majorité de la Chambre des députés, à laquelle appartient l'initiative des lois de finances, la préparation du budget, la direction générale de la politique et éventuellement, à raison du nombre de ses membres, la majorité dans le

Congrès. Le Président possède, d'ailleurs, assez d'influence personnelle et assez d'autorité pour comman-
der à la majorité des votants embrigadés par les comités et aux corps constitués peuplés de ses clients.
La presse organisée de longue main est à sa dévotion.
Il est chef de parti. Dans ce second cas, qui peut se
produire aussi bien que le premier, la prétendue responsabilité des ministres, que le Président de la République aura choisis parmi ses créatures, sera-t-elle de
nature à protéger la minorité contre l'oppression de
la majorité et la Nation contre le « gouvernement
personnel » d'un Président, auquel l'inévitable doci-
lité des électeurs, la complaisance du Parlement et
la fatalité des intitutions donneront la toute-puissance ?

Troisième hypothèse :

Le Président de la République est en désaccord
avec la majorité de la Chambre des députés et avec
la majorité du Sénat. Dans ce cas, la responsabilité
ministérielle mettra effectivement le Président dans
l'impossibilité complète d'user des pouvoirs qui paraissent lui être accordés par la Constitution. Il ne
pourra ni convoquer le Parlement, ni l'ajourner, ni le
dissoudre ; il ne pourra nommer ni un fonctionnaire
civil, ni un fonctionnaire militaire ; ni un juge de paix,
ni un garde-chasse. La règle formulée par M. Gam-

betta n'était pas seulement applicable à M. le maréchal
de Mac-Mahon. Sous le régime de la Constitution
de 1875, le président de la République, qui n'est
pas le meneur de la majorité parlementaire, est
obligé de se soumettre ou de se démettre. S'il veut
rester en fonctions, il faut qu'il se résigne à n'être
qu'un instrument passif, un jouet entre les mains
des partis parlementaires et de leurs chefs. Il
ne peut ni parler ni écrire, sans y avoir été non
pas autorisé, mais expressément invité par le Conseil des ministres que lui imposent la majorité du
Parlement ou ceux qui la dirigent. S'il veut se taire,
et que les ministres veulent qu'il parle, il parlera.
« Les ministres, » disait un journal qui passe à juste
titre pour le meilleur interprète des principes constitutionnels, le *Temps,* dans son numéro du 8 janvier 1880, « les ministres peuvent emprunter la
parole du chef de l'État pour exposer *leur* politique. »
Il n'y a qu'une chose que le Président puisse faire
de sa propre initiative : si la Commission du budget
et la majorité du Parlement n'y voient pas d'inconvénients, il lui est permis, en souvenir de la féodalité, et sous sa responsabilité personnelle, de déclarer
la guerre aux lièvres et aux faisans de l'ancienne
forêt royale de Marly. Mais, en dehors de cela, il ne
peut faire ni bien ni mal. Il ne peut rien faire.

Aussi bien, si la situation du Président de la République devait rester ce qu'elle est, faudrait-il donner raison aux amateurs de simplification et se joindre à eux pour demander que la Présidence fût supprimée comme « objet d'inutile dépense ». On comprend, en effet, que le Président d'une grande République de 38,000,000 d'âmes, qui est seul responsable de l'exécution des lois, qui dirige avec le Sénat la politique étrangère, qui est le chef actif de toute l'administration nationale, reçoive annuellement, comme le Président de la République des États-Unis, une indemnité de 250,000 francs (50,000 dollars). Mais avec le système de l'omnipotence parlementaire, avec la responsabilité ministérielle et l'irresponsabilité présidentielle, on se demande à quoi sert de donner 600,000 francs d'appointements par an à un Président de la République qui joue exactement sur la scène politique le rôle d'un figurant de théâtre.

Dans cette troisième hypothèse, le Président de la République parlementaire n'est pas désarmé : il est supprimé, sinon matériellement, moralement. Reste à savoir si cette suppression est une garantie contre les inconvénients du gouvernement personnel et contre les dangers de la dictature.

Faisons une dernière hypothèse.

Le Président de la République appartient au parti
qui a la majorité dans le Sénat et dans la Chambre
des députés, ou dans la Chambre des députés, seulement, mais il n'est pas le chef de ce parti. Il n'a
jamais eu ni l'intelligence, ni l'audace, ni l'autorité,
ni l'activité nécessaires. Les Chambres sont d'une
composition médiocre. De braves gens, mais bornés.
Bien intentionnés, mais d'une ignorance inson-
dable. Des avocats, des médecins, élevés pour la
plupart dans les lycées de l'Empire, et quelques-
uns chez les Jésuites, ne connaissant l'histoire
que par les manuels de M. Victor Duruy, et croyant
de bonne foi que l'idéal du régime républicain,
c'est le règne de la Convention ou le gouvernement des Gracques. Au milieu de ce troupeau
de bacheliers un homme se lève, intelligent, sans
scrupules, sans préjugés, déjà populaire. Dans son
œil brille la flamme d'un ardent patriotisme.
Il possède l'éloquence, il a l'autorité. Il est fin, il
est souple, il est habile, il est fidèle à ses amis.
Son intégrité défie la calomnie. Il sait flatter les
passions. Il est patient. A sa voix, les majorités se
forment et se dispersent. Il choisit les ministres,
les élève et les renverse. Les ministres ne sont pas
seulement ses amis, ils sont effectivement ses
créatures. Plus encore que dans la précédente hypo-

thèse, le Président de la République est annihilé. Il est moins qu'un figurant de théâtre : il est un modeste greffier qui enregistre passivement et silencieusement les actes de l'autre. Et grâce au système laborieusement établi par les anciens rois de France aidés des Mazarin et des Richelieu, perfectionné par la Révolution, achevé par Napoléon Ier, conservé depuis par ses successeurs, cet autre, simple député, a des pouvoirs que n'avait pas Louis XIV. Il possède pour sa part plus d'autorité qu'aucun despote du monde temporel ou spirituel. Il dicte aux législateurs leurs votes, aux juges leurs arrêts, aux fonctionnaires leurs actes. Contre qui le brave ou lui déplaît, il fulmine l'excommunication mineure ou l'excommunication majeure, et l'excommunié n'a plus qu'à rentrer dans l'obscurité d'où il n'aurait jamais dû sortir. Il a plus de faveurs à distribuer qu'un monarque de l'Asie, un empereur romain ou un czar de Russie. C'est lui qui désigne les députés et les sénateurs aux suffrages des électeurs. C'est lui qui nomme les ministres, les sous-secrétaires d'État, maîtres des requêtes et auditeurs, les membres de la cour des Comptes, conseillers maîtres, référendaires et auditeurs, les magistrats, les conseillers à la cour de cassation, les conseillers à la cour, les présidents de cours et tribunaux, les juges, les procureurs et avocats généraux, les procureurs de la République, les substituts, les greffiers, le préfet de police, les commissaires de police, les sergents de ville, le préfet-maire de Paris, le préfet-maire de Lyon, les préfets, les sous-préfets, les maires, les chefs de service et employés des ministères et préfectures, les secrétaires-généraux, les conseillers de préfecture, les directeurs de l'Assistance publique, les membres des bureaux de bienfaisance, les trésoriers-payeurs généraux, les receveurs des finances, les percepteurs, les directeurs et employés des postes, des télégraphes, des douanes, des contributions directes et indirectes, les directeurs et receveurs de l'enregistrement, les conservateurs des hypothèques et des forêts, le gouverneur et les régents de la Banque de France, le gouverneur du Crédit foncier, les recteurs d'académies, les professeurs, proviseurs, censeurs, instituteurs, les ingénieurs en chef, ingénieurs, conducteurs des ponts-et-chaussées, inspecteurs, etc., etc., etc. Il nomme le Président de la République ou se nomme lui-même. Il dispose de plus de cinq cent mille places et d'un budget de trois milliards. Il est maître de l'opinion par les journaux, des élections par les comités, de la loi par les députés. La patrie est entre ses mains. Et si, parvenu à ce sommet, il est pris de vertige ; si l'idée monstrueuse

22

d'une pareille élévation et d'une telle puissance vient
à troubler son esprit et ses sens; si la manie des
grandeurs s'empare de son cerveau; si dans un but
de folle ambition ou d'instinctive conservation, par
une erreur de patriotisme ou par une nécessité de
diversion, l'idée lui vient à son tour de lancer le pays
dans les aventures; s'il veut faire la guerre, — la majorité d'aujourd'hui couvrira ses fautes de ses applaudissements, comme la majorité d'hier encourageait de son bruyant enthousiasme les folies napo-
léoniennes. Le gouvernement personnel n'est pas
nécessairement revêtu de la pourpre impériale ou
des insignes présidentiels. Robespierre n'habitait
pas un palais; il n'eut qu'un titre officiel, celui de
président de la Convention. Cependant il était dictateur.

LIVRE IV

LE POUVOIR JUDICIAIRE

LIVRE IV

LE POUVOIR JUDICIAIRE

CHAPITRE PREMIER

LE JUGE INAMOVIBLE

Nous avons dit que la plupart des monarchistes, et les républicains, qui se prétendent le plus républicains, ne pouvant se défaire d'habitudes d'esprit héréditaires, plus fortes que l'intérêt, le sens commun et la raison, cherchaient encore dans la confusion du pouvoir législatif et du pouvoir exécutif l'ordre, la liberté et le progrès. En revanche, il n'est pas un monarchiste et pas un républicain qui ne se déclare partisan, en théorie, de la séparation du pouvoir judiciaire et des autres pouvoirs, du pouvoir exécutif et du pouvoir législatif, bien qu'au point de vue scientifique et logique les raisons qui militent pour ou contre la confusion ou la séparation, et sur lesquelles nous n'avons pas à revenir, soient forcément

22.

et exactement les mêmes dans le premier cas que
dans le second. Portalis l'Ancien, dont tous les partis
invoquent de nos jours l'autorité, et dont le témoignage ne saurait être suspect aux conservateurs, répondait, dans la séance du Conseil des Anciens du 24
brumaire an IV, à ceux qui proposaient de faire
nommer les juges par le Directoire :

Si c'est déjà violer la Constitution que de donner au Directoire le droit de nommer les administrateurs, que sera-ce donc
si on lui accorde celui de nommer les juges? Ainsi la justice
naîtrait d'une autorité constituée, elle n'existerait pas par
elle-même. Ce troisième pouvoir, établi dans la Constitution
pour balancer les autres, ne tiendrait plus son existence que
de l'un des deux autres : *vous ne devez point, comme l'ancien
gouvernement, établir des commissaires, mais des juges, et, dans
le système qu'on vous propose, vous formeriez des commissions,
et non des tribunaux!* Je le demande, est-ce là la justice que
la Constitution a assurée à tous les citoyens français? *Il faut
que l'ordre judiciaire soit intact, il faut qu'il garde son indépendance dans l'État, comme la conscience dans le cœur de l'homme.
S'il en était autrement, les tribunaux ne seraient que les instruments des passions et des volontés de ceux qui les auraient
créés* (1).

Dernièrement, un député s'est vanté d'avoir fait
destituer un magistrat coupable de n'avoir pas pré-
variqué en sa faveur. Tous les journaux ont crié au

---

(1) M. Émile de Girardin a cité ce passage dans son remarquable
ouvrage intitulé : *la Justice universelle.*

scandale. Le public s'est dit révolté. Jamais les
principes, les grands principes, les fameux principes
toujours invoqués, jamais pratiqués, de la séparation des pouvoirs n'avaient été aussi outrageuse-
ment violés. L'ordre politique et social était menacé
dans ses fondements par une aussi audacieuse violation. C'était l'abomination de la désolation. Le
député, qui avait cru sans doute faire la chose la plus
naturelle du monde, en usant à son profit personnel
de la part de souveraineté que la Constitution lui
accorde, fut unanimement conspué. Mais personne
ne fit la remarque que la confusion, dont le seul
soupçon excitait une si violente et si générale indignation, était dans notre droit public, non pas, comme
on se plaît à le dire, une monstrueuse exception,
mais une règle absolue. On ne s'aperçoit pas, on ne
veut pas s'apercevoir que, malgré les protestations
de Portalis et de tous les jurisconsultes de toutes les
époques, — quand ils avaient le courage et la possibilité de dire ce qu'ils pensaient, — malgré l'indignation de la presse et de tous les prudhommes, les Chambres non-seulement font la loi, mais l'exécutent et
l'interprètent. En vertu de leur pouvoir législatif
illimité, elles peuvent décréter le bien et le mal, le
juste et l'injuste. Elles transforment en actes punis-
sables des actes que la conscience humaine n'a ja-

mais condamnés, et qui sont, d'ailleurs, si peu répréhensibles en eux-mêmes, qu'ils peuvent aussi bien, selon les circonstances, mener leur auteur au Capitole que le jeter en prison. Par la loi qu'il vote, le Parlement crée le crime. Par le juge qu'il nomme et par les jurés qu'il désigne, il punit le criminel. Il trace les circonscriptions judiciaires. Il établit et supprime les cours et tribunaux. Il augmente ou diminue le nombre des juges. Il fait d'un de ses membres, député ou sénateur, le chef suprême et unique de la magistrature. Il tient le ministre de la justice sous sa dépendance immédiate et perpétuelle. Il lui dicte ses choix, et s'il n'obéit pas passivement, il lui retire son portefeuille.

On a cru donner à la magistrature un peu d'indépendance et de dignité en rendant les juges inamovibles, sauf à les soumettre à une nouvelle investiture, lorsqu'une nouvelle couche sociale faisant brusquement irruption dans la vie politique ne se trouverait plus en communion d'idées et d'intérêts avec les magistrats nommés par les précédents régimes. Mais, — les plus éminents jurisconsultes l'ont cent fois démontré, — si l'inamovibilité a des inconvénients qui lui sont propres, si, comme le disait Duport à la Constituante, « elle porte le juge à se considérer comme au-dessus de ses concitoyens,

si elle affaiblit en lui le sentiment de la justice, si
elle le pousse à la paresse », elle n'a aucun des
avantages qu'on lui attribue. Elle ne rend le juge ni
moins ignorant, ni moins besoigneux, ni moins
superstitieux. Elle n'élève ni sa situation, ni son
caractère. Elle ne change rien à son état de fatale
dépendance vis-à-vis du Gouvernement, maître de
sa fortune, de son avenir et de son honneur. Inamo-
vible ou non, le juge nommé par le Gouvernement
est, sous la Monarchie, la créature du souverain,
comme il est, sous la République parlementaire,
quand c'est le Parlement qui règne, la créature de
la majorité, ou de celui qui la mène. Il rend des
arrêts, tantôt dans un sens, tantôt dans l'autre,
selon que le gouvernement incline à droite ou à
gauche. On lui dit : « Punissez M. Gambetta. » Il
inflige six mois de prison à M. Gambetta, qui le
lendemain devient pour le peuple français ce que
l'empereur du Milieu est pour le peuple chinois, le
père et la mère de la loi. Si la liberté est une « guitare », l'indépendance de la magistrature est une
vielle dont tous les gouvernements peuvent tourner
la manivelle, et qui rend indifféremment le même
même son sous tous les régimes. Elle fait partie du
mobilier de la Couronne. Toutes les coteries avoua-
bles ou inavouables, nommées ou innommées, nour-

rissent le rêve impie de manier l'instrument. On
connaît ce mot d'un prévenu qui, comparaissant devant la Cour d'assises, et voyant les robes bordées
d'hermine des conseillers, fit tout haut cette ré-
flexion : « A la prochaine révolution, quand nous
aurons la peau de lapin, ça sera notre tour de condamner le bourgeois. » Ce ne serait pas la première fois que les brigands, annoncés et dénoncés
par Robespierre qui s'y connaissait, auraient fli-
busté la justice et la simarre sur le grand chemin
de la politique. Dès. qu'ils l'ont possédée, elle s'est
mise au service de leurs passions et de leurs appétits. Mandrin s'emparerait du gouvernement qu'il
trouverait des juges pour condamner les honnêtes
gens, comme MM. de Broglie et de Fourtou en ont
trouvé pour condamner M. Gambetta.

CHAPITRE II

La meilleure manière et la plus sûre de rendre le juge indépendant, c'est de le remplacer par le jury. De quelque manière que le juge soit nommé, on peut toujours supposer qu'une heure viendra où il se laissera corrompre ; mais il y a une chose qui est au-dessus de toute corruption et de toute séduction : c'est l'indépendance du Peuple exerçant lui-même les fonctions de magistrat.

Pour qu'il puisse avantageusement remplacer le juge, la première condition, c'est que le jury soit universel ; c'est que ni le législateur ni le gouvernement n'aient le droit d'intervenir dans la formation des listes des jurés. Dans la République parlementaire française, la loi de 1872 qui règle la matière, et qui, comme beaucoup d'autres, a échappé au zèle réformateur de la majorité républicaine de la Chambre de 1877, est une audacieuse négation du droit moderne et du principe démocratique. Elle déclare indignes, entre autres citoyens, ceux qui

« ont besoin, pour vivre, de leur travail manuel et journalier » ; ceux qui ont été condamnés pour outrage à « la morale publique et religieuse », — que ce soit la morale publique de M. le duc de Broglie ou la morale opposée qui est celle de M. de Freycinet ; que ce soit la morale religieuse de M. Brunet qui se réclame des Jésuites, ou la morale de M. Jules Ferry qui les chasse. La même loi exclut aussi pendant cinq ans de la liste des jurés quiconque a été condamné à trois mois de prison pour quelque délit que ce soit, même « pour délit politique et de presse ». La liste des jurés, ainsi triés sur le volet, est ensuite épurée par une série de commissions, dans lesquelles la majorité et le dernier mot appartiennent finalement au Gouvernement.

Dans la République démocratique des États-Unis, tout le monde est juré. On est juré comme on est électeur, par la capacité politique et civile de citoyen américain. La liste générale des électeurs dressée par un fonctionnaire spécialement élu est transmise chaque année à la Cour du Comté qui procède publiquement au tirage au sort des noms des citoyens appelés à remplir pendant l'année suivante les fonctions de juré (1).

(1) Aux États-Unis les fonctions de juré ne sont pas gratuites. Outre les frais de déplacement qui leur sont alloués, les jurés ont

Le principe du jury une fois admis, son application au lieu d'être restreinte , comme elle l'est en France, aux causes criminelles et à certains procès politiques , doit, comme pour tous les principes dont on a reconnu la justesse, être étendue à tous les cas possibles, d'abord à la mise en accusation, ensuite aux affaires criminelles, enfin aux affaires civiles. La Constitution des États-Unis, faite par le Peuple, garantit au Peuple le droit de n'être dénoncé et mis en accusation que par le Peuple, c'est-à-dire par le jury (1). Dans toute procédure criminelle, elle assure à l'accusé « le droit d'être jugé promptement et publiquement par un jury impartial de l'«État» et du district,dans lequel le crime aura été commis (2) ». Enfin,dans toutes les causes civiles, lorsque l'objet du litige est supérieur à vingt dollars, c'est-à-dire à cent francs, la Constitution américaine prescrit et garantit le jugement

droit à une indemnité qui varie suivant les « États ». Ils sont aussi exposés à des dérangements moins considérables qu'en France. Ils ne vont pas chercher le tribunal. C'est le tribunal qui vient se placer auprès d'eux. (Voir la *Démocratie en Amérique*, par A. de Tocqueville.)

(1) « Aucune personne ne sera tenue de répondre à une accusation capitale ou infamante que sur la dénonciation et la mise en accusation par un grand jury. » (Constitution des États-Unis. Cinquième amendement.)

(2) Constitution des États-Unis. Sixième amendement.

par le jury (1), dont l'usage dans les affaires civiles a toujours été recommandé par les jurisconsultes. Appliqué aux affaires civiles, le jury n'a pas seulement le grand avantage d'être de tous les juges le plus indépendant, et de permettre de diminuer considérablement le nombre des magistrats : comme l'a justement fait remarquer M. de Tocqueville, la pratique du jury habitue le Peuple à l'exercice de sa souveraineté ; elle répand dans toutes les classes les idées de droit ; elle revêt les citoyens d'une sorte de magistrature qui les relève à leurs propres yeux ; elle leur enseigne enfin à pratiquer l'équité, et à ne pas reculer devant les conséquences de leurs propres actes.

Malheureusement, le jury, qui est la magistrature démocratique par excellence, si loin qu'on étende ses attributions, ne peut pas absolument remplacer le juge. Au civil, comme au criminel, le jury ne peut guère décider, et ne décide, en effet, dans les pays où il est en usage, en Angleterre, aux États-Unis, en Australie, et dans toutes les colonies anglo-

---

(1) « Dans les procès de droit commun (*in suits at common law*), lorsque la valeur de l'objet en litige excédera vingt dollars, le droit d'être jugé par un jury sera maintenu, et aucun fait jugé par un jury ne pourra être soumis à l'examen d'une autre Cour dans les États-Unis que conformément à la loi commune. » (Constitution des États-Unis. Septième amendement.)

saxonnes, que les points de fait. Un juge est nécessaire pour interpréter la loi et pour l'appliquer. Il convient donc d'examiner par qui 'le juge doit être nommé dans la République démocratique et quelle sera sa compétence.

Pour résoudre la question de la nomination des juges, sur laquelle le parti républicain français, aujourd'hui divisé, était autrefois d'accord, et sur laquelle on n'hésite plus depuis plusieurs siècles, dans la plupart des « États » de la République américaine, il suffit de s'attacher au principe et d'en poursuivre les déductions rigoureuses et logiques. Si dans la Démocratie la souveraineté appartient au Peuple, toute justice émane du Peuple, comme, dans la Monarchie, d'après l'article 57 de la Charte du 4 juin 1814, devenu l'article 47 de la Charte du 6 août 1830, toute justice émanait des rois dont le Peuple a fait justice. C'est donc le Peuple qui doit rendre la justice, et, quand il ne peut pas le faire directement par le jury, c'est lui qui doit nommer les juges et les instituer. La Constitution des États-Unis ne contient à cet égard aucune stipulation. Comme la législation criminelle et civile, l'organisation des cours et tribunaux a été réservée aux justiciables eux-mêmes, c'est-à-dire au Peuple de chacun des « États » qui, libre d'expérimenter les divers

modes d'organisation du pouvoir judiciaire et de
choisir entre eux, s'est depuis longtemps partout
prononcé pour l'élection des juges directement par
le suffrage universel (1).

La compétence du juge élu dans la République
démocratique n'est pas moins facile à déterminer.
Si dans la Monarchie quelqu'un pouvait juger le Roi,
le principe de la Monarchie serait faussé. La souveraineté aurait cessé de résider dans la personne du
Roi. De même, dans la Démocratie, du moment où
le principe de la souveraineté du Peuple est admis
franchement, sans arrière-pensée, il est impossible
de concevoir aucune juridiction au-dessus du Peuple,
ou en dehors du Peuple : tribunaux révolutionnaires,
commissions mixtes, conseils de guerre, hautes
cours de justice, tribunaux administratifs, Conseil
d'État, tribunal des conflits, qui n'ont d'autre objet
que de priver les justiciables de leurs juges naturels, et de mettre à l'abri de toute responsabilité le
Gouvernement et ses agents. Le pouvoir judiciaire
du Peuple et la compétence des tribunaux institués
par lui doit s'étendre à tous les cas judiciaires de

______

(1) Jefferson écrivait, le 12 juillet 1816, à Samuel Kerchival : « Il
y a près de deux siècles que les juges du Connecticut sont choisis
tous les six mois par le Peuple, et l'épreuve n'a pas cessé de donner
les plus heureux résultats. »

quelque nature qu'ils soient, aux causes politiques,
comme aux procès criminels et civils. Dans la République parlementaire française, il est interdit aux
tribunaux ordinaires de juger les fonctionnaires,
de prononcer entre l'administration et le public.
Dans la République démocratique. au contraire,
l'arbitraire et la tyrannie sont traités comme le
vol (1). Le juge élu par le Peuple, rendant la
justice au nom du Peuple, qui commande aux pouvoirs constitués, qui trace au gouvernement et au
législateur les limites de leurs attributions, n'aura
pas plus d'égards pour un fonctionnaire coupable
d'abus de pouvoir que pour un malfaiteur ordinaire.
Il le traitera comme un escroc ayant tenté de
s'approprier tout ou partie de la fortune d'autrui.
Il le condamnera à l'amende et à la prison. Et
comme, là où règnent le droit et la liberté, la justice ne peut pas être exposée à être la consécration de l'injustice, le juge ne basera pas ses
arrêts sur la loi qui peut être un abus de pouvoir du législateur, qui peut elle-même être un
crime, mais sur la Constitution faite par le Peuple,
sur la volonté du Peuple légalement exprimée et

(1) Les Américains, dit Tocqueville, pensent qu'il faut traiter l'arbitraire et la tyrannie comme le vol.

23.

sur le principe supérieur de sa souveraineté (1).

Telle est la sanction nécessaire, tel est le complément indispensable du système démocratique.

Pour que la souveraineté nationale, que tous les partis proclament, cesse d'être la dangereuse fiction qui a fait de la guillotine un instrument de gouvernement et de Napoléon Bonaparte un empereur ; pour qu'elle devienne une réalité féconde, une garantie certaine d'ordre et de stabilité ; pour que la Liberté, sans laquelle il n'existe ni souveraineté ni sécurité, devienne un droit fondamental, inattaquable et imprescriptible, pour qu'elle soit placée, comme M. Léon Gambetta le demandait en 1873, au-dessus des entreprises des partis et des attentats des majorités ; pour que les mauvaises lois et les mauvais fonctionnaires ne soient plus à craindre ; pour qu'aucun gouvernement, quel qu'il soit, usurpateur ou légal, ne puisse obtenir d'arrêt, ni contre la Liberté ni contre le Peuple, il ne suffit pas que la Liberté soit législativement proclamée. Elle avait été acclamée au Quatre-Septembre, comme le Gouvernement lui-même. On avait dit : La presse est libre ! Le cautionnement et l'impôt du timbre avaient été

____

(1) Voir Tocqueville. *De la Démocratie en Amérique,* tome Ier, chapitre vi.

supprimés. Toutes les entraves étaient abolies. Quatre semaines après cette explosion d'enthousiasme, la Liberté était violée. Le gouvernement trouvait un Préfet de police pour arrêter un journaliste, une prison pour l'enfermer, un juge pour l'interroger. Quelques mois plus tard, on supprimait les journaux en vertu de l'état de siège, comme si jamais il n'avait été question de République, ni de Liberté, comme si l'impératrice-régente n'était jamais sortie des Tuileries. En même temps, l'Assemblée de Versailles rétablissait le cautionnement et remplaçait l'impôt du timbre par l'impôt sur le papier.

Le fameux article 75 de la Constitution de l'an VIII (1), qui elle-même était abrogée depuis longtemps, avait aussi été abrogé par le gouvernement de la Défense nationale. Mais en France, lorsqu'on supprime une loi réactionnaire, il arrive toujours que d'autres lois plus réactionnaires se trouvent, par le fait même, remises en vigueur. La Liberté ne gagne rien au change, au contraire. Un journal faisait remarquer dernièrement que les or-

(1) Cet article est ainsi conçu : « Les agents du gouvernement, autres que les ministres, ne peuvent être poursuivis pour des faits relatifs à leurs fonctions, qu'en vertu d'une décision du conseil d'État : en ce cas, la poursuite a lieu devant les tribunaux ordinaires. »

donnances portant révocation de l'Édit de Nantes n'avaient jamais été abrogées, et qu'un gouvernement ultramontain pourrait très-bien un jour les appliquer aux protestants. Ce qui est certain, c'est qu'à peine abrogé, l'article 75 s'est trouvé remplacé par la loi du 16 août 1790 (1), du 26 fructidor an III (2), sans préjudice des articles 127, 128 et 129 du Code pénal. On n'aurait pas retrouvé ces vieilles dispositions dans l'arsenal de notre législation, comme on y a retrouvé les décrets contre les congrégations, qu'on aurait fabriqué de nouvelles lois. Si le Sénat et la Chambre des députés se mettaient aujourd'hui d'accord pour établir par un vote solennel la Liberté, il faudrait, à coup sûr, les en féliciter ; mais il n'en faudrait pas moins craindre qu'une autre Assemblée ne supprimât par un vote contraire la même Liberté, et que le moindre vent de réaction qui viendrait à souffler n'amenât des lois plus dures que celles qui auraient été abrogées.

La Constitution elle-même proclamerait la Liberté qu'il ne faudrait pas voir dans cette proclamation une suffisante garantie. La Constitution de 1848

(1) Les juges ne pourront citer devant eux les administrateurs pour raison de leurs fonctions.

(2) Défense itérative est faite aux tribunaux de connaître des actes d'administration, de quelque espèce qu'ils soient, sous peines de droit.

proclamait la Liberté, et avec la Liberté, l'Égalité et
la Fraternité. Elle promettait à tout le monde une
assistance fraternelle. Elle devait « assurer l'existence des citoyens nécessiteux en leur procurant du
travail, en donnant des secours à ceux qui sont hors
d'état de travailler (1) ». Qu'est-il advenu de ces belles
et philanthropiques déclarations ? La Liberté a-t-elle
été moins précaire? Le *struggle for life,* la lutte
pour la vie, moins rude? La misère, moins cruelle?
Non! Les promesses inscrites dans les Constitutions
parlementaires de la meilleure foi du monde sont,
comme, hélas! les Constitutions elles-mêmes,
exposées à être violées. Quand vous aurez obtenu
que les Constitutions soient faites par le Peuple, et
non par le Parlement ; quand vous aurez enfermé le
législateur dans des limites étroites ; quand vous
aurez rendu le pouvoir législatif entièrement indépendant du pouvoir exécutif et du pouvoir judiciaire, réformateurs, ne vous arrêtez pas : ne mettez
pas bas les armes ; prêchez, luttez, combattez, sans
trêve ni repos, jusqu'au jour où vous aurez donné à la
Liberté pour palladium le jury et l'élection des juges
par le suffrage universel. Pour que votre œuvre soit
achevée, pour que la Liberté soit fondée, pour que

(1) Constitution du 4 novembre 1848, préambule, article 8.

la justice règne, il faut que, selon la belle expression de Michelet, le Peuple juge le Peuple ; il
faut enfin que le Peuple puisse perpétuellement
citer à sa barre, et frapper, au nom de la Justice et
de la Souveraineté nationale, non-seulement le fonctionnaire chargé d'appliquer la Loi, quels que soient
son uniforme, son caractère et son rang, mais
encore la Loi.

CHAPITRE III

Si la compétence des cours et tribunaux organisés par les justiciables dans chacune des Régions de
la République, si la compétence des juges élus par le
Peuple est sans limites au point de vue du droit, en ce
sens qu'elle s'étend à tous les différends judiciaires,
quelle que soit leur nature, — qu'il s'agisse de
procès civils, commerciaux, criminels ou administratifs, — il est évident que cette compétence ne
saurait s'étendre aux causes dans lesquelles des
corporations ou des individus étrangers à la juridiction de ces tribunaux se trouvent être parties. De
même que la décentralisation législative exige l'établissement d'un corps législatif unique chargé des
lois d'intérêt général, de même la décentralisation
judiciaire exige l'établissement d'un tribunal central
devant lequel puissent être portés les litiges concernant, par exemple, la Nation, les ambassadeurs,
les ministres, les consuls, les procès d'amirauté

et de juridiction maritime, enfin toutes les causes
intéressant directement des étrangers et des citoyens appartenant à diverses juridictions (1). C'est

(1) « Le pouvoir judiciaire des États-Unis sera dévolu à une Cour
suprême, et aux autres Cours inférieures que le Congrès peut de
temps en temps décréter et établir. Les juges de la Cour suprême
comme ceux des Cours inférieures conserveront leurs places aussi
longtemps qu'ils se conduiront bien, et recevront à des époques dé-
terminées une indemnité, qui ne pourra être diminuée tant que
dureront leurs fonctions.

« Le pouvoir judiciaire des États-Unis s'étendra à toutes les causes
en matière de lois et d'équité qui s'élèveront sous l'empire de cette
Constitution, des lois des États-Unis et des traités faits ou qui seront
faits sous leur autorité; à toutes les causes concernant les ambassadeurs, d'autres ministres publics ou des consuls; à toutes les causes
d'amirauté et de juridiction maritime; aux différends dans lesquels
les États-Unis seront partie; aux différends entre deux ou plusieurs
« États » ; aux différends entre un « État » et les citoyens d'un
autre « État »; entre les citoyens de différents « États »; entre les
citoyens d'un même « État » revendiquant des terres en vertu de
concessions de divers « États »; entre un « État », ou les citoyens
y appartenant et des États étrangers, leurs citoyens, ou leurs
sujets. » (Constitution des États-Unis, art. III, section II.)

Cette disposition a été modifiée par le XIᵉ amendement à la
Constitution ainsi conçu :

« 1º Le pouvoir judiciaire des États-Unis ne sera pas organisé de
manière qu'il puisse être étendu aux procédures entamées contre un
des États-Unis par les citoyens d'un autre État, ou par les citoyens
ou les sujets d'une puissance étrangère.

« 2º Dans toutes les causes concernant les ambassadeurs, les
autres ministres publics et les consuls, et dans toutes celles où un
État sera partie, la Cour suprême jugera en première instance.
Dans tous les autres cas ci-dessus mentionnés, la Cour suprême
jugera en appel, tant en droit qu'en fait, avec telles exceptions et sous
tels règlements que le Congrès pourra faire.

« 3º Le jugement de tous les crimes, excepté en cas de mise en
accusation par la Chambre des représentants, sera prononcé par le

ce tribunal qui, dans la République américaine, s'appelle la Cour suprême.

Par une singulière anomalie, les neuf membres dont se compose la Cour suprême des États-Unis (1) ne sont pas élus par le Peuple. Malgré la vive opposition de plusieurs d'entre eux, les membres de la Convention de Philadelphie, qui n'avaient pas encore, dit Jefferson, découvert les vrais principes de la République démocratique, décidèrent que les juges de la Cour suprême seraient nommés par le Président de la République, avec l'avis du Sénat, et qu'ils ne pourraient être révoqués que pour mauvaise conduite, par une décision du Sénat prise à la majorité des trois quarts des voix (2).

Sans doute cette quasi-inamovibilité est loin d'a-

jury ; le jugement aura lieu dans l' « État » où le crime aura été commis ; mais, si le crime n'a point été commis dans un des « États », il sera jugé dans tel ou tel lieu que le Congrès pourra désigner par une loi. »

(1) « La Cour suprême se compose d'un *chief-justice* aux appointements de 6,500 dollars (32,500 francs) et de huit *asssociates-justices* aux appointements de 5,000 dollars (30,000 francs). Elle se réunit en session solennelle chaque année à Washington, le premier lundi de décembre. Les États-Unis ont été divisés pour l'exercice de la juridiction de la Cour suprême en neuf circonscriptions judiciaires appelées circuits. Ces circonscriptions sont elles-mêmes divisées en districts. Tous les ans, un tribunal appelé *Cour de circuit* siège dans chaque district. Il est composé d'un juge de la Cour suprême et d'un juge de l' « État » ou du district dans lequel la Cour siège. La Cour se transporte ainsi de district en district auprès des jurés et des justiciables.

(2) Le Sénat a destitué trois juges de la Cour suprême depuis 1789.

voir les mêmes effets que la complète inamovibilité
des juges de la République française. Elle peut porter le juge à se considérer, dans une certaine mesure, comme indépendant du Peuple, — ce qui est
un grave inconvénient, — mais elle ne le place pas
absolument sous la dépendance du Gouvernement.
Le Président qui nomme les juges de la Cour
suprême ne reste le plus souvent en fonctions que
quatre années, et il n'y a pas de raisons pour que
le Président suivant, qui appartient généralement
au parti opposé, hérite d'aucune influence sur des
magistrats nommés par ses prédécesseurs (1). De
plus, comme tous les fonctionnaires de la République américaine, à peu près sans exception, les
juges de la Cour suprême n'ont aucun avancement
à espérer ni du Président, ni du Sénat, ni de personne. Ils sont nommés d'emblée ; du jour de
leur nomination, l'estime de leurs concitoyens et la
conservation de leurs fonctions est la seule récom-
pense qu'il leur soit permis d'ambitionner. Le gouvernement n'a pas à son service la Légion d'honneur pour les influencer ou les séduire. Ils n'ont à
se préoccuper ni de l'éloge, ni du blâme du Congrès
ou du Président. Le législateur ne peut même pas

____

(1) Il n'y a eu depuis 1789 que trois *chief-justice* contre dix-neuf
Présidents et quarante Congrès.

agir sur eux par la fixation de leurs appointements, lesquels, aux termes de la Constitution, ne peuvent être diminués pendant toute la durée de leurs fonctions. Mais ces précautions d'une incontestable sagesse n'empêchent pas que le mode de recrutement et l'inamovibilité relative des juges de la Cour suprême des États-Unis ne constituent une dérogation au principe démocratique. Cette dérogation a été l'objet de nombreuses critiques de la part des hommes politiques les plus considérables de la grande République, et il faudrait se garder de l'imiter ailleurs.

Au surplus, la Cour suprême ne joue pas aux États-Unis un rôle aussi considérable qu'on le croit généralement en France. Comme tous les autres tribunaux, elle peut non-seulement interpréter les lois, elle peut les juger ; elle peut les déclarer inconstitutionnelles et refuser de les appliquer (1). Elle peut aussi, lorsqu'elle est valablement saisie par un tiers, juger et condamner les actes du pouvoir exécutif ; mais, comme dans la République démocratique les pouvoirs sont « coordonnés et indépendants », comme le Président de la République, le Congrès et la Cour

____

(1) Comme les autres tribunaux, la Cour suprême juge avec le concours du jury dans toutes les causes où la Constitution prescrit le jugement par jury.

suprême n'ont de comptes à rendre qu'au Peuple de
l'exercice du mandat que le Peuple leur a confié, les
décisions que la Cour suprême peut prendre contre
le pouvoir législatif ou contre le pouvoir exécutif,
n'ont d'effet qu'à l'égard des particuliers ou des
tiers qui sont en cause. Elles n'engagent ni le Congrès, ni le Président. Elles ne peuvent les atteindre
que moralement, et dans la mesure où elles sont
appuyées par l'opinion publique. S'il en était autrement, si l'un des trois pouvoirs pouvait imposer sa
manière de voir aux deux autres, ou à l'un des deux
autres, la confusion des pouvoirs et bientôt le despotisme remplaceraient cette indépendance et cette
autonomie qui sont essentielles au fonctionnement
normal de tout gouvernement démocratique et
libre. « Si la politique du Gouvernement, a dit le Président Lincoln, dans son discours d'inauguration du
4 mars 1861, pouvait être fixée par une décision de
la Cour suprême, le Peuple aurait cessé de se gouverner, il aurait remis ses pouvoirs à ce haut tribunal. »

Aussi, quand il s'agit de questions politiques et
de questions constitutionnelles, la Cour suprême ne
juge-t-elle qu'en premier ressort. Il y a toujours
appel devant le Peuple, et cet appel est suspen-
sif de l'exécution de la sentence. Le Peuple est l'ar-

bitre suprême entre tous les pouvoirs. C'est lui qui
juge en dernier ressort — souverainement — en
ménageant un triomphe ou un échec électoral à ses
mandataires. Grâce à la fréquence des élections, le
jugement ne se fait jamais longtemps attendre. En
outre des innombrables élections locales dans lesquelles la politique des partis est incessamment jugée, l'élection pour la Présidence tous les quatre
ans, les élections de la Chambre tous les deux ans,
et le renouvellement du Sénat par tiers tous les
deux ans, fournissent au Peuple autant d'occasions
de se prononcer, Enfin, le Peuple possède un dernier
moyen de faire entendre sa voix souveraine. Averti
par l'arrêt de la Cour suprême, il peut demander la
réforme immédiate de la Constitution et se « réunir
en Convention ».

Lorsqu'elle prononce pour ou contre des particuliers, pour ou contre un ou plusieurs « États »
de la République, la Cour suprême n'épuise pas
son pouvoir en rendant son arrêt, comme lorsqu'elle
apprécie les actes du pouvoir législatif ou du pouvoir exécutif. Si, dans ce dernier cas, les parties ne
se soumettaient pas à sa sentence, elle aurait à sa
disposition, pour la faire exécuter, toutes les
forces de la Nation. Mais de pareilles éventualités ne
sont plus à craindre. Aujourd'hui que l'esclavage,

dernier vestige de la barbarie, a disparu des Etats-
Unis, il est permis non-seulement d'espérer, mais
d'affirmer que jamais plus un Américain n'aura l'idée
sauvage d'en appeler à la force de l'arrêt d'un tribunal dont chacun accepte la suprême autorité. Rien
n'empêchera désormais la République américaine
de réaliser la *plattform* du grand parti de la civilisation, telle qu'elle a été formulée par tous les amis
de l'humanité, par les philosophes de tous les pays
et de tous les temps. L'Amérique du Nord est le
premier continent où les Peuples auront eu le bonheur et l'intelligence de ne former qu'une seule Nation, et où les batailles seront remplacées par de
pacifiques débats devant un tribunal arbitral. Il y a
quarante ans déjà, M. de Tocqueville était frappé
d'entendre, pendant les sessions solennelles de la
Cour suprême de Washington, l'huissier de la Cour
faire l'appel des causes dans des termes nouveaux
pour des oreilles européennes : « L' « État » de
Californie contre les États-Unis », — ou bien :
« L' « État » de New-York contre l' « État » de
Pensylvanie ». Le « sollicitor » (1) de l' « État »

____

(1) Les « sollicitors » remplissent les fonctions d'avocats et
d'avoués. Il n'y a aux États-Unis ni avoués, ni huissiers, ni officiers
ministériels. Les plaideurs peuvent à leur gré se présenter eux-
mêmes devant les tribunaux ou se faire représenter par qui ils
veulent.

de New-York s'avance : il représente un Peuple
de quatre millions d'hommes. Le « sollicitor » de
l' « État » de Pensylvanie lui répond au nom de
trois millions de citoyens libres. Jamais une armée
de cinq cent mille hommes, commandée par le
plus grand capitaine, n'exposera les griefs et les
droits d'un État avec autant de compétence et d'autorité que le plus modeste homme de loi. Heureux
le monde futur dans lequel les querelles de Peuple à
Peuple se débattront ainsi, pacifiquement, sans
folles dépenses et sans effusion de sang !

LIVRE V

L'AUTONOMIE RÉGIONALE ET COMMUNALE

LIVRE V

L'AUTONOMIE RÉGIONALE ET COMMUNALE

CHAPITRE PREMIER

LA CONTINUATION DU CÉSARISME

Les naïfs s'imaginaient que la République serait l'antithèse de l'Empire, et qu'elle ne pouvait être que cela. Il se trouve qu'elle en est la continuation. On a badigeonné la façade de l'édifice, mais au dedans rien n'est changé. L'empereur peut revenir : s'il ne retrouve pas le trône que la tribune a remplacé, les meubles que la Commune a incendiés, il retrouvera la même organisation politique, la même bureaucratie, la même paperasserie, la même magistrature, la même police, et surtout la même administration départementale. Au centre, on aperçoit la République. Des Assemblées électives et responsables

devant les électeurs (1) ont remplacé le monarque
ou l'imperator, mais les Départements sont encore
gouvernés par des chefs uniques et imposés, dont
l'institution remonte à Napoléon Bonaparte, et dont
l'existence est, en même temps qu'une affirmation du
césarisme, une protestation outrageante, permanente et vivante·contre le principe de l'élection et
de la responsabilité républicaine.

Sous la République, comme sous l'Empire, le
Préfet, exclusivement responsable devant le Parlement qui le nomme ou le fait nommer, lui donne de
l'avancement, le décore et le destitue, administre
souverainement et dictatorialement le Département
et la Commune.

Le Préfet dirige la police, requiert la force armée,
et prend toute mesure de sûreté générale. Il accorde
ou refuse l'autorisation d'ouvrir des théâtres et d'y
jouer telle ou telle pièce. Hier encore il exerçait
un despotisme absolu sur les cafés, cabarets, bals
publics et débits de boissons. Il réforme et casse les
arrêts des maires élus par les conseils municipaux
ou nommés par le gouvernement. Il suspend les
maires ou les adjoints élus ou non. Il dissout ou
suspend les conseils municipaux nommés par le suf-

____

(1) A l'exception des soixante-quinze sénateurs inamovibles.

frage universel, et les remplace par des commissions
nommées par lui. Et si, sur la pente où le législateur
impérial l'a placé, le Préfet abuse de pouvoirs aussi
étendus, aussi variés, on pourrait dire aussi illimi-
tés, si son administration devient arbitraire ou tyran-
nique, la loi, faite aussi par l'empereur, renvoie les
administrés de Caïphe à Pilate. Le Peuple, molesté
par le gouvernement, n'a de recours contre le Préfet,
agent du gouvernement, que devant les conseillers
d'État, fonctionnaires du gouvernement.

Officiellement, le Préfet représente dans le Département l'omnipotence gouvernementale ; officieuse-
ment, il est l'agent politique et électoral des ministres, ou du personnage dont les ministres sont les
créatures. Police, fonds secrets, budget, permissions
et fermeture de débits de tabac et de débits de
poudre, nominations des directeurs, gardiens, médecins et comptables des prisons, des établissements
d'aliénés, des dépôts de mendicité, etc., places
d'administrateurs, de directeurs et receveurs des bureaux de bienfaisance, de vérificateurs, percepteurs,
receveurs, préposés des octrois, lieutenants de
louveterie, directeurs des bureaux de poste, facteurs,
gardes forestiers, gardes champêtres, gardes de navigation, cantonniers, éclusiers, barragistes, pon-
tonniers, baliseurs, surveillants, institutrices, insti-

tuteurs, etc., etc., tous les moyens d'intimidation et
de corruption dont il dispose sous tous les régimes, le
Préfet est tenu de les employer au triomphe électoral
des candidats ministériels ou officiels. Malheur à lui,
si le suffrage universel, résistant à tant de séductions,
se prononce pour les candidats de l'opposition, et
surtout pour les candidats indépendants : son changement est certain, sa révocation probable ; sa carrière est brisée.

A côté du Préfet, l'Empire avait placé, et la
République a conservé deux corps consultatifs et
délibérants, comme Napoléon les aimait :

1° Un Conseil de préfecture, composé de fonctionnaires nommés, changés, avancés, décorés, révoqués
par le gouvernement, juges cependant des opérations électorales, c'est-à-dire juge et partie, annu-
lant, par exemple, sur la demande du gouvernement, l'élection de M. Alphonse Humbert combattue
par le gouvernement.

2° Un Conseil Général, élu, celui-là, par le suffrage universel, à raison d'un conseiller par
canton, mais ne délibérant valablement qu'en la
présence du Préfet ou de son délégué, avec son
approbation, et seulement sur certaines questions
limitativement énumérées par la loi ; ne pouvant
toucher à la politique ; toujours menacé de voir

ses décisions annulées, et d'être lui-même dissous ;
n'ayant pas de lieu de réunion qui lui soit propre ;
siégeant, comme le Conseil de préfecture, dans
l'hôtel de la préfecture, à deux pas de la caserne ;
placé enfin auprès du Préfet pour faire croire
aux populations qu'elles participent à l'administration du Département, de même que le Corps
législatif de l'Empire avait été placé auprès de
l'empereur pour donner au Peuple l'illusion d'une
représentation et d'un certain contrôle sur les
affaires du pays.

Que les républicains qui sont au pouvoir trouvent
sans défaut, et qu'ils défendent *unguibus et rostro,* —
au besoin contre les bonapartistes, — une organisation et une administration départementale qui leur
permet de récompenser leurs amis, de caser leurs
créatures et de pousser leurs candidats, cela n'a rien
d'étonnant. Mais il est des républicains ne possédant
pas le pouvoir, n'ayant même aucun espoir de
l'obtenir, qui se font cependant les défenseurs de
cette organisation et qui, s'ils lui adressaient une
critique, lui reprocheraient de n'être ni assez impériale, ni assez césarienne. Quand la loi qui a donné
aux conseils généraux les maigres attributions dont
ils jouissent aujourd'hui a été proposée à l'Assemblée de Versailles, plusieurs républicains l'ont com-

battue et beaucoup ont voté contre. C'est à propos
de cette loi que M. Louis Blanc, se faisant l'avocat
de l'omnipotence parlementaire, ainsi que de la confusion des pouvoirs, et justifiant, sans le vouloir,
tous les excès de tous les Parlements passés, présents et futurs, la répression de la Commune, l'état
de siège et les tentatives de restauration monarchique, ne craignit pas d'adresser à la majorité
royaliste cette parole que nous avons déjà citée :
« L'État, c'est vous ! »

Ce qu'il y a de plus étrange, c'est que les mêmes
républicains qui repoussent de toute la force de leur
autorité et de leur éloquence la moindre proposition
d'émancipation départementale, se déclarent avec
une égale énergie partisans de l'émancipation des
citoyens, de l'émancipation de la presse, et, par-
dessus tout, de l'émancipation de la Commune ; —
comme si la liberté, bonne pour les individus et pour
la Commune, ne l'était pas pour le Département et
pour la Région ; comme si dans un même corps ou
dans une même machine il était possible d'introduire
deux principes différents et contradictoires de vie et
de mouvement. — Ici, la liberté ; là, l'autorité ; ici,
la souveraineté du Peuple ; là, la souveraineté du
Parlement ; ici, le gouvernement du Peuple par le
Peuple ; là, le gouvernement par les meneurs de la

majorité parlementaire investis de la puissance monarchique ;—comme si la République ne devait pas
être un tout harmonique ; comme si les institutions
départementales pouvaient être en contradiction
avec les institutions nationales ; comme si les républicains pouvaient, sans se déjuger, sans tomber dans
le discrédit, et sans compromettre le prestige et l'a-
venir de la République, se déclarer ennemis du césarisme, à Paris, jusqu'à l'insurrection, jusqu'à la
guerre civile, et se montrer dans les Départements,
conservateurs du même système jusqu'à l'entête-
ment, jusqu'à la superstition ; comme si les mêmes
hommes, en vertu des mêmes principes, pouvaient
chasser l'Empire des Tuileries, et le respecter dans
les Préfectures ; comme s'il était admissible et possible que les Départements soient livrés à des pro-
consuls, à des *missi dominici,* alors que la Nation
choisit elle-même son gouvernement, et la Commune son administration ; comme si la logique n'é-
tait pas la logique ; comme si la Liberté n'était pas la
Liberté ; comme si cette liberté communale que tous
les partis d'opposition ont toujours réclamée sous
tous les gouvernements, et pour laquelle beaucoup
de Parisiens se sont battus de bonne foi et sont morts
en 1871, pouvait exister, et même faire l'objet de
revendications aussi sérieuses qu'elles sont

25.

bruyantes, dans un pays où plus de 30,000 communes de 100, de 500 et de 2,000 habitants, désagrégées, sans union, sans lien, sans défense, n'auraient d'autre garantie de leur indépendance que la bonne volonté d'un gouvernement jaloux, comme le sont tous les gouvernements, d'étendre d'un bout du territoire à l'autre, sur tous les individus et sur toutes les corporations, son influence, son autorité et son despotisme.

CHAPITRE II

L'ÉMANCIPATION RÉGIONALE

On entend souvent dire que la République américaine forme une Confédération. C'est une erreur complète. Les Américains ont d'abord essayé de la Confédération. C'est précisément pour remédier aux inconvénients de ce système, consacré par leur première Constitution (1), c'est pour remplacer la «Confédération» par l' «Union» que la Convention de 1787 s'est réunie à Philadelphie, et qu'elle a rédigé la Constitution républicaine et démocratique des États-Unis, telle qu'elle existe aujourd'hui. «Si l'on veut comprendre *le vrai caractère de la Constitution des États-Unis,* écrit Madison (2), *il faut éviter cette erreur que l'on commet si souvent de les comparer à un gouvernement confédéré.* » La Constitution des

(1) Cette Constitution avait pour titre : Articles de Confédération et d'Union perpétuelle votés à Philadelphie le 9 juillet 1775, et ratifiés par les États le 1er mars 1781.

(2) Membre de la Convention de Philadelphie. Deux fois Président des États-Unis, en 1809 et 1813.

États-Unis commence par ces mots : « *Nous, le Peuple des États-Unis...* » Ce ne sont pas les « États » qui forment une « Union », une « Confédération », c'est le Peuple entier des États-Unis, dans son unité et son indivisibilité, qui se donne une Constitution. Le mot « fédéral » ne figure pas une seule fois dans la Constitution américaine. Sans doute certains membres de la Convention de Philadelphie auraient préféré la Confédération. Mais les véritables auteurs de la Constitution, les fondateurs et les initiateurs de la République démocratique, les Washington, les Jefferson, les Madison, les Franklin voulaient l'Unité avec la Liberté. Heureusement pour l'humanité, leur opinion a prévalu.

Aussitôt après le vote de la Constitution, les hommes politiques américains se divisèrent en deux camps. Les uns restèrent fidèles au principe qui avait rallié la majorité des membres de la Convention. Les autres, s'appuyant sur l'opinion de la minorité, formèrent le parti qui, depuis, est devenu le parti « *démocratique* (1) ». Ces derniers soutenaient la thèse

(1) Les mots *républicains* et *démocrates* appliqués à la désignation des partis politiques n'ont pas aux États-Unis la même signification qu'en Europe. Dans le sens français de ces mots tous les Américains, sans exception, sont républicains et démocrates. Ces noms choisis, on ne sait pourquoi, par deux partis opposés conviennent si peu à qualifier les opinions dont ils désignent les partisans, qu'à Saint-Louis

de la souveraineté des « États ». Par l'inévitable fatalité de la logique, les doctrines de ce parti devaient
aboutir à la scission. Elle éclata en 1861. Ceux
qui avaient considéré jusque-là les États-Unis
comme une Confédération, et qui prédirent alors
le succès des armées du Sud, n'avaient pas com-
pris le génie de la Constitution américaine. Si
les États-Unis avaient été une agglomération d'États
reliés seulement par un pacte fragile, le gouvernement de Washington eût-il trouvé trois millions de
volontaires prêts à maintenir et à venger l'unité et
l'indivisibilité de la République et de la patrie?

Pour concevoir nettement ce qu'il faut entendre par cette expression particulière d' « États »,
employée par les Américains, et pour bien saisir la
différence entre le Département français et « l'État »

---

le journal du parti démocrate s'intitule le *Missouri Republican*, et le
journal du parti républicain le *Missouri Democrat*. Il ne faut donc
pas attribuer à ces deux mots plus de sens qu'à des noms de
famille.

On désignait en 1869 sous le nom de Démocrates les partisans de
la souveraineté des États, les sudistes, et les partisans des tarifs
libre-échangistes.

Sous la dénomination de Républicains on comprenait les aboli-
tionnistes, les partisans du travail libre, des droits de citoyens faci-
lement accordés, des tarifs protecteurs, qui dans l'esprit de leurs
défenseurs devaient contribuer à favoriser l'industrie locale, à attirer
les émigrants... Le président Lincoln et le président Grant étaient
des présidents républicains. (*Le Self-government et le Césarisme.*)

américain, il faut remonter à l'origine de l'un et de l'autre.

Avant d'exister, le Département fait évidemment partie de la Nation. Il en est de même pour l' « État ». Un jour vient où pour les besoins de l'administration le législateur divise la Nation en un certain nombre de circonscriptions. Ces circonscriptions s'appellent en France des Départements ; aux États-Unis, des « Territoires ». Le législateur donne ensuite à ces circonscriptions territoriales certains organes. Bonaparte, qui concentre dans sa personne le pouvoir constituant, le pouvoir législatif, le pouvoir exécutif et le pouvoir judiciaire, met à la tête du Département un Préfet, un Général et des Juges ; sous les ordres du Préfet, il place un Secrétaire général, des Commissaires de police et quantité de fonctionnaires ; à côté du Préfet, il installe un Conseil de préfecture et un Conseil général. Aux États-Unis, les choses se passent à peu près de même : le Congrès, en vertu des pouvoirs que lui donne la Constitution faite par le Peuple, règle par une loi l'organisation du « Territoire »; il décide qu'il sera administré par un Gouverneur, et un certain nombre de fonctionnaires nommés par le Président des États-Unis; à côté du Gouverneur, il y aura une Assemblée dont les délibérations, pour être valables, devront être approuvées par le Gouverneur, quelquefois même par le Congrès. Le Président des États-Unis nomme les fonctionnaires du « Territoire », comme le Président de la République française nomme les fonctionnaires du Département. Ainsi qu'en France le Préfet du Département, aux États-Unis, le Gouverneur du « Territoire » veille à l'exécution des lois et au maintien de l'ordre. Comme les habitants des Départements français, les habitants des « Territoires » américains sont des sujets. Ils font partie de la Nation, mais ils ne possèdent ni la liberté, ni les droits qui font les citoyens.

Lorsque le « Territoire » a une population suffisante, il demande au Congrès son émancipation, et le Congrès, après discussion, vote, s'il y a lieu, une loi appelée *enabling act* qui autorise le Peuple du « Territoire » à s'organiser en « État », et à se donner une Constitution, à la seule condition que cette Constitution soit conforme aux principes fondamentaux du droit public américain, c'est-à-dire qu'elle sera républicaine et qu'elle devra non-seulement garantir, mais consacrer à nouveau les libertés et les privilèges garantis par la Constitution des États-Unis à tous les citoyens de la République.

Quand le Peuple du « Territoire » s'est donné une Constitution, quand il a élu ses législateurs, ses fonctionnaires civils et militaires, et ses juges, alors le Congrès statue sur l'émancipation du « Territoire » ou, en d'autres termes, sur son élévation au rang d'« État ». C'est pourquoi Quincy Adams a pu dire que les « États » relevaient de l'Union, et non l'Union, des « États ».

Pour que le Département français se trouvât identiquement dans la même situation politique que l'État américain, que faudrait-il? Il faudrait simplement et il suffirait que le Président de la République, en vertu d'une loi d'émancipation votée par la majorité du Parlement, adressât au Peuple des quatre-vingt-trois départements une proclamation où il leur dirait :

« L'Empire a trop duré. Le suffrage universel nous a donné pour mission non de maintenir l'Empire, mais de le détruire ; non de préparer la dictature, mais de fonder le gouvernement du pays par le pays. Nous vous invitons à vous réunir en Convention dans chacun de vos Départements, et à vous constituer administrativement, politiquement et socialement comme vous l'entendrez; une seule obligation vous est imposée, c'est de vous donner une Constitution républicaine, garantissant à chacun la jouissance des droits de l'homme et du citoyen, tels qu'ils ont été autrefois définis et pro-

clamés par l'Assemblée constituante. Organisez-
vous! Élisez vos fonctionnaires et vos juges ! Fixez
leurs appointements, l'étendue de leur responsabilité et de leur compétence ! Nommez vos Assemblées locales ! Nommez-en une, nommez-en deux,
nommez-en trois, comme il vous plaira. Assez
longtemps on vous a tenus en tutelle, soyez éman-
cipés, gouvernez-vous vous-mêmes, soyez libres! »

Si un député républicain, au nom de la logique
universelle et de l'expérience américaine, proposait
aux Chambres françaises de faire à l'administration
des Départements cette application des principes
républicains théoriquement adoptés et partiellement
pratiqués pour le gouvernement de la Nation, les
anti-républicains auraient raison, à leur point de vue,
de combattre cette proposition. Ils seraient dans
leur droit en disant que le vote d'une pareille loi
aurait pour effet et pour conséquence la perturba-
tion de l'ordre, tel qu'ils le conçoivent, la désorga-
nisation de tout le système impérial et royal, la ruine
des espérances monarchiques, la fondation inévitable
de la République ; — et il faudrait les laisser dire.
Mais si les républicains voulant, d'une part, conserver dans leur intégrité les places, les pouvoirs et
l'autorité dont ils ont hérité de la Monarchie et de
l'Empire, et ne pouvant cependant pas, d'autre part,

invoquer les mêmes arguments que les monarchistes,
rééditaient à ce propos l'objection sans cesse opposée par les défenseurs du despotisme monarchique et
césarien aux défenseurs de la liberté républicaine ;
s'ils disaient que l'émancipation des Départements
aurait l'inconvénient d'affaiblir le gouvernement
du pays, et de lui enlever les forces qui lui
sont nécessaires, pour combattre les ennemis de la
République à l'intérieur comme à l'extérieur, il
faudrait répondre à ces républicains :

« C'est avec ces perpétuelles fins de non-recevoir,
c'est avec ces faux-fuyants, c'est avec ces sophismes
que vous avez perdu la République dans le passé et
que vous la perdrez encore dans l'avenir, à moins
que la Démocratie désabusée, se demandant enfin ce
que valent vos grands mots, cesse de les accepter
pour argent comptant. Un gouvernement faible est un
gouvernement qui se déjuge ; c'est un gouvernement
qui renie ses principes ; c'est un gouvernement qui
n'a ni le courage d'être conséquent, ni l'audace d'être
logique. Un gouvernement faible n'est pas seulement
un gouvernement fédéral qui, pour déclarer la
guerre, conclure la paix, négocier, signer des
traités, lever des impôts, recruter des armées, est
obligé de s'adresser aux États confédérés, de discuter avec eux et d'obtenir leur autorisation ; c'est

aussi un gouvernement parlementaire, perpétuellement obligé de discourir au lieu d'agir, d'intriguer
au lieu d'avancer ; c'est un gouvernement dans lequel
la responsabilité du pouvoir exécutif appartenant
à des Chambres irresponsables n'appartient, en réalité, à personne ; c'est un gouvernement qui peut,
à toute heure, même la plus critique, être renversé
par une cabale, par une monstrueuse coalition,
comme cela s'est vu à toutes les époques en Angleterre, en France, en Espagne, en Italie, dans tous
les pays soumis au parlementarisme...

«Mais un gouvernement ne dépendant que de lui-
même pendant toute la durée de son mandat, un
gouvernement ayant la responsabilité de ses détermi-
nations, un gouvernement dont rien ne vient entraver
ni gêner l'action, un gouvernement, enfin, pouvant,
comme le gouvernement des États-Unis, pour lever
des impôts et recruter des troupes, s'adresser directement et sans intermédiaire, en vertu de la Constitution et de la volonté populaire, au Peuple dont
il tient ses pouvoirs, un gouvernement désarmé,
quand il s'agit d'opprimer la liberté des citoyens,
mais tout-puissant quand il s'agit de défendre l'indépendance de la Nation, son prestige et sa gloire,
voilà un gouvernement fort. Ce gouvernement trouvera dans le pays un concours d'autant plus dévoué

que le pays s'appartiendra plus à lui-même, et
chez les citoyens un patriotisme d'autant plus ardent, que la Patrie sera davantage leur chose, moins
celle des Préfets, des Secrétaires généraux, des
Sous-Préfets et des fonctionnaires. Il aura une force
d'autant plus grande que les citoyens seront plus
libres, et qu'au lieu d'avoir à se préoccuper d'un journal à poursuivre, d'une réunion à interdire, d'une
association à surveiller, d'un garde champêtre à
révoquer, d'un adjoint à suspendre, d'une musique
municipale à dissoudre, d'une manifestion à réprimer, il lui sera permis d'appliquer exclusivement
ses ressources, son intelligence, et son énergie aux
intérêts généraux et extérieurs, aux intérêts sacrés
de la Patrie. »

CHAPITRE III

On comprend, dans une certaine mesure, que les
républicains de la Convention se soient grossière-
ment trompés, qu'ils aient déplacé le despotisme
monarchique au lieu de le détruire, et qu'ils aient
commis des fautes peut-être longtemps encore irré-
parables. Ils étaient aux prises avec la guerre civile
et avec la guerre étrangère ; ils avaient l'intégrité du
territoire à sauvegarder, les intrigues des royalistes à
déjouer et l'égalité civile à fonder. Enfin, pour guider
leurs pas dans la recherche des institutions républicaines, l'histoire du monde ne leur offrait l'exemple
d'aucune République démocratique. La République
suisse, la seule qui existât alors, était non-seulement une Confédération, mais une Confédération
aristocratique. La Constitution américaine venait à
peine d'être mise en pratique. Il eût été difficile et
il eût paru téméraire de porter sur elle un jugement
définitif. Les principes universellement reconnus

26.

depuis, sur toute l'étendue du territoire des États-Unis, et affirmés dans toutes les Constitutions des « États », n'avaient pas encore été nettement formulés : les Américains eux-mêmes différaient sur plus d'une question de droit constitutionnel.

Les erreurs des républicains de 1848 sont plus difficilement explicables. Ils n'avaient pas à vaincre les mêmes difficultés. Ils n'avaient à soutenir ni guerre civile, ni guerre étrangère. Dès longtemps l'égalité civile avait fait de la France une nation démocratique. Déjà les institutions républicaines de l'Amérique avaient reçu la consécration d'une longue expérience. D'intéressants ouvrages avaient été publiés en français sur les États-Unis. Pour connaître la vérité et pour l'appliquer, il eût suffi aux républicains de cette époque d'observer au lieu de rêver, d'étudier au lieu d'inventer, de faire un peu de science et de naturalisme, au lieu de se jeter dans le romantisme et l'empirisme. Quant aux républicains de 1880, qui possèdent la majorité dans les deux Chambres et dans le pays, si la chute des deux premières Républiques françaises ne leur sert pas de leçon, si l'exemple de la République américaine, sans cesse rapproché de nous par la vapeur et l'électricité, devait être perdu pour eux, s'ils ne tiraient aucun profit des deux ou trois cents

expériences constitutionnelles successivement et librement tentées par les Américains depuis plus de
deux siècles, il faudrait désespérer de leur patriotisme en même temps que de la raison et de la
sagesse des Français.

Les règles constitutionnelles uniformément appliquées maintenant dans tous les « États » de l'Union
ne sont pas artificielles et circonstancielles. Elles
n'ont pas été inventées pour les besoins de la cause.
Dans tel « État », la majorité, quelquefois la presque-
unanimité appartient aux républicains, c'est-à-dire
au parti qui a vaincu le Sud, affranchi les esclaves et
donné aux noirs les droits de citoyen. Dans tel
autre, tous les électeurs, ou peu s'en faut, sont ce
qu'on appelle, dans l'idiome politique américain, des
« démocrates ». Ce sont eux qui ont été vaincus dans
la guerre de Sécession. Ils étaient partisans de la
souveraineté des « États » et de l'esclavage. Ils consi-
déraient le nègre comme un animal d'un ordre très-
inférieur et particulièrement repoussant. Dans les
« États » manufacturiers, les ouvriers dominent ; dans
les « États » agricoles, la grande majorité des électeurs est composée de propriétaires. La différence, au
point de vue social, était bien plus sensible encore
avant l'émancipation des noirs. Dans le Sud, tous les
prolétaires étant esclaves, le prolétariat en masse

était exclu du droit de suffrage : les droits politiques
et civils, la souveraineté étaient le monopole exclusif de l'aristocratie terrienne et marchande. Dans
certains « États » du Nord, au contraire, comme partout où l'emporte la population des grandes villes, le
corps électoral était formé en grande majorité de
pauvres émigrants venus d'Irlande, d'Allemagne,
d'Italie, et même de France. Ici, la chose publique ap-
partenait à la propriété et à la richesse ; là, elle était
devenue par le suffrage universel l'apanage exclusif
de la Démocratie prolétaire. Non-seulement la condition des habitants n'est pas la même dans tous les
« États », mais ils ne sont ni de la même origine, ni de
la même race. Dans la Louisiane, dans le Missouri,
dans les anciennes possessions de la Compagnie des
Indes, il n'y avait naguère que des Français ; d'autres « États » sont peuplés d'Allemands, le plus
grand nombre d'Anglo-Saxons. Enfin il y a des
« États » catholiques, des « États » calvinistes,
des « États » luthériens, des « États » unitairiens,
des « États » libres-penseurs, un vaste Territoire
mormon. Eh bien, appelés depuis un siècle à s'organiser politiquement en pleine liberté de penser,
de parler, d'écrire, de se réunir, de s'associer, de
porter les armes, n'ayant d'autres soûverains et
d'autres juges qu'eux-mêmes, ces « États », si diffé-

rents par leurs opinions, la condition sociale de
leurs habitants, leur origine, leurs croyances, leurs
préjugés et leurs cultes, ont tous établi leurs
Constitutions sur les mêmes principes. Dès les
premiers efforts de législation constitutionnelle,
le but à atteindre est nettement indiqué dans
les Déclarations des Droits des Constitutions des
divers « États ». « *Il importe,* dit la Constitution de
Pensylvanie, *d'établir un gouvernement dont l'autorité du Peuple soit la source unique... Le Peuple de
cet État a seul le droit essentiel et exclusif de se gouverner et de régler son administration intérieure...
Les fonctionnaires du gouvernement soit législatif, soit
exécutif, sont les mandataires du Peuple, ses serviteurs, et lui sont comptables dans tous les temps... Le
gouvernement est ou doit être institué pour l'avantage
commun, pour la protection et la sûreté du Peuple, de
la nation ou de la communauté, et non pour le profit
ou l'intérêt particulier d'un seul homme, d'une famille
ou d'un assemblage d'hommes qui ne sont qu'une
partie de cette communauté... La communauté a le
droit incontestable, inaliénable et imprescriptible de
réformer, changer ou abolir le gouvernement de la
manière qu'elle juge la plus convenable... Le militaire doit toujours être tenu dans une exacte subor-
dination à l'autorité civile et toujours gouverné par*

elle (1)... » « *Aucun homme qui se fait un scrupule de porter les armes*, disent les Constitutions de New-York et de Pensylvanie, *ne pourra y être forcé.* » « *Aucun homme,* dit encore la Constitution de Pensylvanie, *ne pourra être contraint d'entretenir les ministres d'une religion contre son gré, ou sans son consentement exprès et personnel.* »

Mais le moyen d'assurer la mise en pratique de ces belles maximes n'a pas été découvert du premier coup sans efforts et sans tâtonnements.

Dans tous les « États », le pouvoir constituant appartient, nous l'avons dit (2), au Peuple qui l'exerce dans la même forme et suivant les mêmes règles que le Peuple entier des États-Unis. Une Convention est nommée. Elle rédige un projet d'acte ou d'amendement constitutionnel, soumis ensuite à la ratification du Peuple organique, c'est-à-dire des citoyens ayant le droit de voter. Maîtres de régler, comme ils le voulaient, l'électorat et l'éligibilité, tous les « États », les plus aristocratiques comme les plus démocratiques, ont tour à tour adopté le suffrage universel, comme étant la base de gouvernement reconnue la plus juste et la plus apte à garantir les intérêts de tous les ci-

(1) Constitution de Pensylvanie. Déclaration expositive des Droits des habitants de l'État de Pensylvanie.

(2) Voir livre I, chap. v.

toyens, à quelque catégorie sociale qu'ils appartiennent. On peut dire que les exceptions introduites
dans certaines Constitutions ne viennent que confirmer la règle générale. Dans le Massachusetts,
il faut, pour être électeur, savoir lire et écrire son
nom. Dans le Connecticut, tout électeur a le droit
d'exiger des citoyens qui se présentent pour voter,
qu'ils lisent à haute et intelligible voix, devant
le bureau, un article de la Constitution des États-
Unis ou de la Constitution du Connecticut, et
quiconque se refuse à subir cette épreuve, par mauvaise volonté ou par incapacité, n'est pas admis à
voter. Dans le Kansas, tout citoyen qui participe à
un duel, soit comme combattant, soit comme témoin,
perd sa qualité d'électeur. Par contre, nous avons
vu que dans certains « États » et « Territoires » les
femmes étaient, comme les hommes, électrices et
éligibles.

En principe, tous les électeurs sont éligibles, excepté, toutefois, les fonctionnaires, quels qu'ils soient,
des « États » ou des États-Unis, ainsi que les évêques,
prêtres et ministres des cultes, « attendu, dit la Constitution de l'« État » de New-York, qu'ils ne doivent
pas être distraits de leurs devoirs spirituels ».

Au début, beaucoup d'hommes politiques voulaient
concentrer dans une Assemblée unique le pouvoir

législatif et le pouvoir exécutif. La première Constitution (1) votée par le deuxième Congrès de Philadelphie confiait le gouvernement des intérêts généraux à une Assemblée élue annuellement et choisis-
sant elle-même parmi ses membres un Conseil
Exécutif composé de douze membres. D'après la
deuxième Constitution, votée par le Congrès le 9
juillet 1778, trois ans après l'Indépendance, et ratifiée
par les « États » le 1er mars 1781, le Congrès se composait encore d'une Chambre unique à laquelle était
abandonné le soin de nommer un Comité Exécutif.
À la même époque, les législatures de plusieurs
« États » nomment le Gouverneur, comme aujour-
d'hui en France le Congrès nomme le Président.
La première Constitution de Philadelphie, rédigée
par une commission extraordinaire dont le docteur
Benjamin Franklin était président, confiait « la
suprême puissance législative » à une Chambre
unique et « la suprême puissance exécutive » à un
Conseil de douze membres nommés par le Peuple,
avec un Président élu parmi les membres du Conseil
par les députés et les membres du Conseil réunis.
La même Constitution de Pensylvanie, comme beau-

---

(1) Articles de Confédération et d'Union perpétuelle par les délégués des colonies de New-Hampshire, Massachusetts, etc., assem-
blés en Congrès général le 20 mai 1775.

coup d'autres, donnait au pouvoir exécutif la nomination des juges. Peu à peu, l'expérience et la Liberté aidant, les principes se dégagent et la science se forme. Le principe de la double juridiction législative, d'abord rejeté comme aristocratique, en souvenir de la Chambre des lords d'Angleterre, est successivement adopté par les États-Unis, par les « États », et même par les Communes les plus démocratiques, comme, par exemple, celle de New-York (1).

Dans tous les « États », le pouvoir législatif est confié à un Sénat et à une Chambre des Députés. Généralement, les sénateurs sont nommés pour quatre ans, et les députés pour deux ans. Dans le New-York, le Kansas, le Tennessee, le Wisconsin, la Virginie, l'Ouest-Virginie, le Sénat est renouvelé tous les deux ans, et la Chambre tous les ans. Dans d'autres « États », tels que le New-Jersey, la Pensylvanie, le Sénat renouvelable par tiers est élu pour trois ans, et la Chambre des députés pour un an. Dans le Texas, qui forme sous ce rapport une exception unique, le mandat des sénateurs est de six ans, avec renouvellement par tiers tous les deux ans. En revanche, dans la Géorgie, l'Illinois, le Delaware, etc., aucune différence n'existe entre les mandats de séna-

(1) Voir le chapitre suivant : La liberté communale.

27

teurs et de députés sous le rapport de la durée qui est fixée à deux ans. Dans le Maine et le Connecticut, le renouvellement intégral des deux Chambres a lieu tous les ans.

La base de la représentation varie également, mais dans des proportions moindres. Tous les « États » sont divisés en un certain nombre de districts sénatoriaux, et dans chacun d'eux un sénateur est élu par le suffrage universel. Les députés sont également nommés par le suffrage universel, et le plus souvent par circonscriptions comprenant un nombre égal d'électeurs.

Dans le New-Hampshire, chaque Commune, Paroisse ou Village a droit, d'abord, à un député à raison de 150 citoyens jouissant de leurs droits civils et politiques, et ensuite à un député pour chaque 300 aûtres électeurs ; les Villages ou Paroisses qui n'ont pas 150 électeurs, se joignent à d'autres Villages ou Paroisses, dans les mêmes conditions, afin d'avoir un représentant, comme cela se pratique en Angleterre pour les Bourgs. Dans le Rhode-Island qui avait, en 1869, 184,965 habitants, le Sénat se compose de 34 sénateurs, à raison d'un sénateur par Commune, et la Chambre de 72 députés. Dans l'« État » de Connecticut, il y a 21 sénateurs élus par autant de districts sénatoriaux, et 237 députés élus à raison de deux députés par chaque Commune : la population de l' « État » est de 660,147 habitants (1).

Bientôt on constate dans les Constitutions la préoccupation de l'indépendance des pouvoirs. La nomination du pouvoir exécutif est retirée au Parlement. Elle devient dans tous les « États » l'objet d'une élection directe par le Peuple. En 1832, la Convention du Mississipi décide que tous les fonctionnaires de l' « État » seront élus par le suffrage universel. Cet exemple donnant d'excellents résultats finit par être imité dans tous les autres « États ». Pour assurer l'unité de vues dans l'administration, le pouvoir exécutif est confié à un seul citoyen, nommé pour un an, deux ans, ou trois ans au plus, qui prend le titre de Gouverneur, reçoit une indemnité de 2,000 à 4,000 dollars (10 à 20,000 francs), et à côté duquel est quelquefois placé un conseil de dix ou de cinq membres comme dans le Massachusetts ou le New-Hampshire (2). Le gouverneur exerce dans les limites de l' « État » des fonctions analogues à celles du Président des États-Unis. Il entretient des rapports avec les autres « États » ; il dirige les affaires administratives, civiles et militaires. Chaque année, à l'ou-

(1) Recensement de 1860.

(2) Ce sont les deux seuls exemples de conseils placés auprès des gouverneurs.

verture de la session de la législature, il adresse aux Chambres un Message dans lequel il rend compte de la situation générale de l' « État », et recommande aux Représentants l'étude et l'adoption des mesures qu'il croit utiles aux intérêts de l' « État ». Il est chargé de la promulgation des lois. Lorsqu'une loi a été votée par les deux Chambres, elle lui est présentée. S'il l'approuve, il la signe et la promulgue. S'il la désapprouve, il la renvoie avec les motifs de son refus à celle des deux Chambres qui en a pris l'initiative. La Chambre, à laquelle le *bill* est ainsi retourné, le discute une seconde fois, et si les deux tiers des membres présents se prononcent de nouveau en sa faveur, il est renvoyé avec les objections du Gouverneur à l'autre Chambre ; si enfin, dans cette Chambre, il est approuvé par les deux tiers des membres présents, il a force de loi.

De même tout *bill*, qui, après avoir été présenté au Gouverneur, n'est pas renvoyé par lui dans les dix jours, a force de loi, comme si le Gouverneur l'avait signé, à moins que dans l'intervalle des dix jours la législature ne se soit ajournée, auquel cas le *bill* est considéré comme non avenu (1).

(1) Constitution de l' « État » de New-York, faite en Convention au palais du Capitole d'Albany, le 10 novembre 1821.

Dans tous les « États », la Chambre des députés a
le droit de mettre en accusation devant le Sénat,
pour obtenir leur destitution, le Gouverneur, et tous
les fonctionnaires civils qui sont, d'ailleurs, toujours
responsables devant les tribunaux ordinaires.

En cas de décès, de destitution par le Sénat, ou
de démission volontaire, le Gouverneur est remplacé
par le Lieutenant-Gouverneur, nommé également
par le Peuple pour le même temps que le Gouverneur, et recevant généralement une indemnité jour-
nalière pour le temps où il exerce ses fonctions. En
temps ordinaire, le Lieutenant-Gouverneur est Président du Sénat où, comme le Vice-Président des
États-Unis, il a le droit de voter seulement dans le
cas où les voix sont partagées; et alors sa voix est
prépondérante.

Dans chaque « État », le Gouverneur est commandant de la milice. Les officiers et les sous-officiers
de la milice, jusqu'au grade de capitaine, sont élus
par les soldats, — les chefs de bataillon et officiers
supérieurs sont élus par les officiers de leurs batail-
lons et de leurs régiments, — les généraux de
brigade sont élus par les officiers supérieurs de
leur brigade. Dans l' « État » de New-York, les
majors généraux, les inspecteurs de brigade et les
chefs d'état-major sont nommés par le Gouverneur

avec le consentement du Sénat. Enfin, le commissaire général de la milice est nommé par le Gouverneur seul.

Les autres fonctionnaires exécutifs de l' « État » directement nommés par le suffrage universel, à la majorité absolue des suffrages, sont généralement les suivants :

Le Secrétaire d'État, appointements 2,500 dollars par an (12,500 fr.) ;

Le Contrôleur, appointements 2,500 dollars par an (12,500 fr.) ;

Le Trésorier, appointements 2,500 dollars par an (12,500 fr.) ;

L'Avocat général (*attorney general*), appointements 2,500 dollars par an (12,500 fr.) ;

L'Ingénieur en chef de l'État, appointements 2,500 dollars par an (12,500 fr.).

Les Inspecteurs des prisons, les Commissaires des canaux, etc., etc. (1).

Enfin dans tous les « États », qui de tout temps ont adopté le jugement par le jury pour les causes civiles ou criminelles, l'indépendance du pouvoir judiciaire est définitivement consacrée par l'élection des juges, des tribunaux de première instance, des cours d'ap-

____

(1) *American year book and national register.*

pel et de la Cour suprême qu'on retrouve dans toutes les Constitutions.

A côté de ces fonctionnaires élus par le suffrage universel, on en remarque quelques-uns, toujours en petit nombre, qui sont nommés par les législatures ; — par exemple, le Commissaire de l' « État » pour les Écoles, appelé aussi parfois le Superintendant de l'éducation ou le Superintendant de l'instruction publique. Ce fonctionnaire, dont les appointements sont, dans l' « État » de New-York, de 5,000 dollars (25,000 francs), dans la Pensylvanie, de 2,500 dollars (12,500 francs), et dans la Californie, de 3,000 dollars (15,000 francs), a pour principale mission de surveiller l'emploi des fonds consacrés par l' « État » à l'enseignement, et de faire chaque année un rapport détaillé au Gouverneur et à la législature sur la situation de l'instruction publique dans l' « État ».

Prises dans leur ensemble, les Constitutions des trente-huit « États » de la République américaine sont arrivées, après plus de deux cents expériences pacifiques, à former un corps de législation parfaitement uniforme et harmonique. Que penser et que dire d'une pareille unanimité chez des peuples d'opinions, de conditions, même de couleurs si opposées? Ne faut-il pas hardiment considérer

cette unanimité comme le criterium de la vérité?
On conteste l'existence de Dieu : on l'affirme, ou
on la nie. Mais les vérités démontrées par l'expérience ne soulèvent parmi les hommes aucune dis-
pute. Nobles aristocrates, vilains démocrates, bourgeois conservateurs, ouvriers révolutionnaires,
socialistes, collectivistes, mutuellistes, royalistes,
impérialistes, orléanistes, républicains, opportunistes, radicaux, banquiers, rentiers, riches et
pauvres, cléricaux et libres-penseurs, le pape et le
grand-rabbin, les prêtres et les athées s'unissent
dans un commun acte de foi pour confesser que le
tout est plus grand que la partie, que deux forces
opposées se détruisent, que plusieurs forces agissant dans le même sens ne peuvent imprimer à un
corps qu'un même mouvement. Ils sont unanimes,
parce que, sous toutes les latitudes et dans toutes
les circonstances, ils ont vu les mêmes causes produire les mêmes effets. L'heure est venue d'appliquer à la recherche de la vérité constitutionnelle
et sociale la même méthode d'expérimentation,
d'observation et de comparaison. La politique n'est
pas la magie. La politique n'est pas une science
maudite, éternellement vouée à l'art, à l'empirisme
et au hasard. Quoi qu'on dise et quoi qu'on fasse, il
n'est pas interdit à la politique de se servir des pro-

cédés employés avec un constant succès dans les autres branches des connaissances humaines pour arriver à la certitude ; et du moment où il est établi que, depuis un siècle, les mêmes règles constitutionnelles appliquées sur le vaste territoire des États-Unis, dans les circonstances et les milieux les plus divers, ont eu pour résultat inévitable et perpétuel de produire la liberté, l'ordre et la stabilité, comme les forces produisent le mouvement, comme la lumière produit la chaleur, nous sommes en droit de dire que, si les Américains n'ont pas encore découvert les principes immuables qui doivent régler les mouvements du monde politique, et que nous découvrirons un jour, ils ont, du moins, trouvé le chemin qui doit nous conduire au port ; nous pouvons affirmer hautement qu'ils sont arrivés aussi près de la justice et de la vérité que le comporte actuellement l'insuffisance des lumières de l'humanité.

CHAPITRE IV

Depuis M. le duc Albert de Broglie jusqu'à
M. Henri Rochefort, tous les candidats ont, à un jour
donné, réclamé dans leur profession de foi la liberté
communale. Mais tous n'entendent pas cette revendication de la même manière. A ceux-ci le régime
actuel suffit. Ceux-là demandent le droit commun
pour les deux plus grandes Communes de France :
Paris et Lyon, chez lesquelles l'Empire et, après lui,
la République ont remplacé le Maire par le Préfet, et
par un fonctionnaire préposé à la police municipale :
Préfet de police à Paris, Secrétaire-Général pour la
police à Lyon. Les uns réclament l'élection des
maires par les conseils municipaux, aussi bien dans
les grandes Communes que dans les petites,
avec certaines restrictions apportées au droit césarien de suspension, de révocation et de dissolution
que possède aujourd'hui le gouvernement. Les
autres souhaitent pour les conseils municipaux

des attributions plus étendues , pour les Communes, — maintenues cependant sous la tutelle
gouvernementale, — une liberté plus grande. Enfin,
il y a les partisans de l'affranchissement des Communes, de leur émancipation totale, de leur autonomie. Ceux-là veulent avec nous la Commune
indépendante et libre dans la sphère des intérêts
communaux, la Commune pouvant acquérir, aliéner,
emprunter , s'imposer , arrêtant et votant elle-
même son budget sans autorisation, entretenant
ses pauvres et ses chemins, payant et dirigeant ses
écoles, sa police et sa milice sans l'intervention du
gouvernement.

Mais, qu'on ne s'y trompe pas, la liberté de la
Commune peut être l'oppression du citoyen. La
Commune peut être délivrée de toute sujétion
gouvernementale : elle peut être libre, par rapport
aux autres Communes et à la Nation, sans que
les citoyens qui la composent soient libres par
rapport au gouvernement de la Commune, et
sans qu'on puisse dire de la Commune affranchie
qu'elle est libre, comme on le dit d'un pays, lorsque
ses habitants jouissent de la liberté civile et de la
liberté politique. Victorieuse et indépendante, la Commune insurrectionnelle de 1871 eût-elle donné aux
Parisiens la Liberté ? C'est douteux. Ce qui, en

revanche, est parfaitement certain, c'est que pendant
son règne éphémère elle a, sans nécessité comme
sans profit, supprimé presque autant de journaux
que l'Assemblée de Versailles. La France a brisé
le trône des rois sans conquérir la Liberté. Le despotisme de l'empereur Napoléon Ier valait bien celui
du roi Louis. XVI. Les communalistes pourraient
de même briser l'unité nationale sans être plus
libres, sans même être aussi libres qu'ils le sont
aujourd'hui. Si l'on émancipe la Commune tout en
conservant l'organisation actuelle, le maire devient,
par le fait de l'émancipation communale, une espèce
de monarque au petit pied ayant des attributions
législatives, exécutives et judiciaires, faisant la loi,
l'exécutant et l'interprétant. Si, au contraire, le
Conseil municipal recueille les pouvoirs aujourd'hui
exercés par le gouvernement et par le maire, comme
le Parlement a recueilli les pouvoirs arrachés des
mains du roi et de l'empereur, la circonscription
communale tombe sous la domination d'une petite
Assemblée unique, souveraine, omnipotente, ayant,
comme la Commune de Paris, en 1793, ses prêtres et
ses déesses, ou comme la Commune de 1871 sa police,
ses juges, son armée, ses ministres, son *Journal officiel,* et qui sait? — peut-être son délégué aux relations
extérieures. Les chefs de l'insurrection parisienne de

1871, faite au nom de la Liberté communale, ne demandaient en somme, il faut bien s'en rendre compte, que l'application en petit à la cité parisienne de la « vieille idée monarchique », constamment appliquée en grand à la Nation française. Ils voulaient que le Peuple de Paris, au lieu de remettre ses pouvoirs à une Assemblée nationale, en fît la délégation absolue, sans réserve et sans condition, à une Assemblée exclusivement parisienne. Une proclamation au Peuple, affichée sur tous les murs de Paris et insérée au *Journal officiel* de la Commune, le 24 mars 1871, portait textuellement : « *Le droit de la cité est aussi imprescriptible que celui de la Nation, la cité doit avoir comme la Nation son Assemblée.* » Remarquez ces mots : « *comme la Nation* ». En fait, quel est le premier acte de l'Assemblée communale nommée le 26 mars par les Parisiens sur l'invitation pressante des maires et adjoints de la ville de Paris, ainsi que des représentants du département de la Seine à l'Assemblée nationale, MM. Lockroy, Floquet, Tolain, Clémenceau, Schœlcher et Greppo, qui s'étaient joints au Comité Central de la garde nationale? — C'est d'imiter l'Assemblée de Versailles, d'accaparer tous les services publics, tous les pouvoirs, c'est de se déclarer constituante. « *Le pouvoir constituant*, dit le

Journal officiel du 26 mars, *la Commune élue devra l'exercer pour la cité.* » Dans les autres villes où le Peuple s'agite au nom de l'émancipation des Communes, la même idée domine. Partout on retrouve l' « idée monarchique », la préoccupation constante d'une Assemblée unique exerçant à la fois tous les pouvoirs. « *La population lyonnaise vient de reprendre la direction de ses intérêts municipaux trop longtemps absorbés par le pouvoir central,* disent les promoteurs de la Commune de Lyon dans leur proclamation ; — *avec la Commune, Citoyens, nous aurons un pouvoir unique qui concentrera dans ses mains la force armée et la police municipale* (1). » Qu'il s'agisse de constituer la Nation ou la Commune, — car de la Région ils ne parlent pas, — les républicains français, opportunistes ou communalistes, dupes de la même tradition, professent la même théorie. Ils veulent l'abdication du Peuple et la concentration des pouvoirs. Ils enferment la République dans ce cercle de Popilius, où ils s'agi-

(1) Cette proclamation qui commence par ces mots : « Citoyens, la Commune vient d'être proclamée du haut du balcon de l'Hôtel de Ville anx applaudissements frénétiques de la population entière... » est signée : Pour le Comité de la Garde Nationale, Lacondamine, Malard, Perricard, A. Delmas, Franquet ; pour le Comité démocratique de l'Alliance républicaine, Brun, Roland, Goutorbe et Chapitet. — Après avoir été affichée sur les murs de Lyon, elle a été insérée dans le *Journal officiel* de la Commune de Paris, du 26 mars 1871.

tent sans profit pour la Liberté. Le mouvement communaliste de 1871, en mettant les choses au mieux, ne pouvait aboutir qu'à transporter du centre aux extrémités, de la Nation dans la Cité, le principe monarchique, despotique et barbare de la confusion des pouvoirs. Sa victoire pouvait avoir pour résultat d'éparpiller le despotisme, de le rapprocher de l'individu, et, par conséquent, de le rendre plus difficile à supporter. Elle ne pouvait être le signal d'aucun progrès.

Lorsqu'un patron, chef d'une administration de banque ou de commerce, ne pouvant pas tout entreprendre par lui-même, veut cependant que la besogne se fasse et que personne autre que lui ne soit maître dans sa maison, il ne dit pas à un ou plusieurs employés : « Voilà ma caisse, voilà mes livres, voilà mon argent, mes marchandises et la liste de mes clients. Prenez tout. Je m'en rapporte à votre intelligence et à votre zèle. Arrangez-vous, faites pour le mieux ! » Il ne concentre pas entre les mains d'un seul individu ou d'un comité tous les pouvoirs. Il les divise. Il donne à chacun une fonction spéciale : à l'un la signature, à l'autre la caisse, à un troisième la comptabilité, à celui-ci la correspondance, à cet autre le contentieux, et ainsi de suite. Mieux cette division est établie, mieux la besogne se

fait ; mieux l'administration fonctionne, plus l'autorité du maître est respectée. C'est l'*a b c* du métier.
Un négociant gouvernerait ses affaires comme le
Peuple français gouverne les siennes, en huit jours
il ferait banqueroute. Les Américains appliquent
tout bonnement à l'administration de la Commune
les seuls principes pratiqués de tout temps avec succès dans les administrations privées du monde entier. Ils ne disent pas à un citoyen, si éminent qu'il
puisse être : « Gérez mes revenus et mes biens ; te-
nez ma comptabilité ; représentez-moi devant les tribunaux ; faites la police ; au besoin rendez la justice ;
dirigez mes travaux ; entretenez mes chemins ; cons-
truisez mes routes, mes ponts et mes écoles ; vous
êtes le maître, vous êtes maire ! » Ils ne disent pas,
non plus, aux membres d'un conseil communal :
« Vous avez la gestion absolue et exclusive de tous
les intérêts communaux ; constituez, légiférez, ju-
gez ; déclarez la guerre ; faites la police ; disposez des
propriétés publiques et privées ; prenez à l'un, don-
nez à l'autre ; si même la propriété vous gêne, ne vous
en tourmentez pas, supprimez-la. Vous êtes la Commune, vous êtes souverains par la grâce de nos suffrages, plus souverains qu'autrefois les rois de
France par la grâce de Dieu ! » — Aux États-Unis,
ainsi qu'en Suisse et en Angleterre, dans les Com-

28.

munes de petite et même de moyenne grandeur, il n'y a ni maire, ni conseil municipal. L'institution du jury et la pratique du gouvernement direct dans les agglomérations où le nombre relativement restreint des citoyens la rend possible, est la marque infaillible à laquelle on reconnaît « un pays libre ». Le Peuple assemblé, c'est-à-dire l'ensemble des citoyens jouissant de leurs droits civils et politiques, constitue le corps délibérant. Pour exécuter ses décisions et administrer ses biens, le Peuple divise soigneusement les fonctions communales, de manière qu'il ne puisse exister entre elles aucune confusion. Il désigne un percepteur pour percevoir les impôts que tout le monde a votés, — un trésorier pour centraliser les fonds, — un juge et un certain nombre de jurés pour prendre les décisions judiciaires, — un *shériff* pour les exécuter, — un magistrat pour faire les enquêtes, — un greffier pour tenir le registre des délibérations et des actes de la Commune ; — un commissaire pour faire la police ; — un agent-voyer pour veiller à l'entretien des routes (1). Un comité spécial s'occupera des travaux ; un autre comité veillera sur la santé publique.

(1) Les noms anglais des principaux fonctionnaires de la Commune sont : *comptroller, chamberlain, sheriff, coroner, register, police commissionners* ou *captains, constable, street commissionner,* etc.

Mais le comité le plus important, celui pour lequel
on choisit les citoyens les plus honorables et les
plus honorés de la Commune, c'est le Comité des
Écoles (1). Il aura pour mission exclusive de surveiller les établissements scolaires, qui seront
administrés par des fidéicommissaires (2) et dirigés
par des inspecteurs (3) également nommés par le
Peuple. De plus, il n'y aura pas dans la Commune
de fonctions gratuites. Certains fonctionnaires recevront un traitement annuel, d'autres seront rétri-
bués à peu près comme les administrateurs de nos
sociétés anonymes qui touchent des jetons de présence, ou comme nos officiers ministériels dont les
vacations sont réglées d'après un tarif proportion-
nel : ils recevront un salaire spécial à la tâche qu'ils
auront accomplie. Enfin, aucun fonctionnaire de la
Commune américaine ne pourra jamais en aucun
cas accepter aucune autre fonction, soit de l' « État »,
soit des États-Unis.

Lorsque les habitants d'une Commune, trop nombreux pour prendre directement et personnellement
des délibérations, sont assez nombreux cependant

---

(1) Les principaux comités sont : *the board of public works, the
board of public health, the board of public schools.*
(2) *Trustees.*
(3) *Supervisors.*

et possèdent des ressources suffisantes pour pourvoir par eux-mêmes aux divers services publics, sans avoir recours au Comté (1), il s'adressent à la législature de l' « État », et lui demandent, pour passer du rang de Commune à celui de *City,* une « charte d'incorporation » qui fixe les règles d'après lesquelles devra être établi le gouvernement communal, le nombre et les attributions des fonctionnaires que le Peuple de la Commune devra élire. Quand il s'agit d'organiser le gouvernement des grandes villes, les Américains prennent, pour assurer au Peuple la possession intégrale et permanente de sa souveraineté, les mêmes précautions que lorsqu'il s'agit d'organiser le gouvernement de la Région ou de la Nation. A Boston, par exemple, à Philadelphie et à New-York, on retrouve l'application du principe de la double juridiction législative. Le conseil municipal de Philadelphie est divisé en deux branches, dont l'une s'appelle le *Select-Council*, et l'autre le

______

(1) Dans les États de l'Est, où la population est très-dense, le Comté n'est pour ainsi dire qu'une circonscription judiciaire. Dans les États du Sud et de l'Ouest où les habitations sont plus disséminées, le Comté a l'administration des écoles dont les directeurs ou inspecteurs sont, comme les fonctionnaires du Comté, nommés par le suffrage universel.

Dans les grandes Communes, qui ont obtenu des chartes d'incorporation, le Comté se confond avec la Commune pour former la Cité-Comté (*city-county*).

Common-Council. Le Corps législatif de la cité de New-York est formé du « *Board of aldermen* », composé de dix-sept membres, et du « *Board of assistent aldermen* » composé de vingt et un membres — élus l'un et l'autre par le suffrage universel.

Souvent divisée, la puissance législative communale aussi bien que la puissance législative nationale et régionale est toujours strictement limitée. Il est naturellement interdit au Conseil municipal d'intervenir dans les questions relatives à l'entretien des différents cultes. L'enseignement public échappe également à sa compétence. Dans la République démocratique, le Peuple, qui juge le Peuple, enseigne aussi le Peuple. Les grandes Communes sont divisées en districts scolaires. Chaque district élit des commissaires dont la réunion forme le Comité des Écoles publiques (*board of public schools*) ou le Comité de l'Éducation (*board of education*) qui exerce exclusivement le pouvoir législatif pour tout ce qui concerne l'enseignement public dans la Cité.

En France, avec l'éducation du Peuple par le gouvernement, avec notre budget de l'instruction publique, nos ministres, notre Université, notre Conseil supérieur, nos lycées officiels, nos écoles communales, nos recteurs, nos proviseurs, nos professeurs, nos instituteurs, nommés et dirigés par le

gouvernement, nous n'avons pu, jusqu'à ce jour,
rendre l'instruction publique ni universelle, ni gra-
tuite, ni laïque, ni obligatoire. D'après le récent
rapport de M. Paul Bert, le nombre de nos écoles
publiques, laïques ou congréganistes, et, de nos
écoles libres tenant lieu d'écoles publiques, gratuites
ou non, est aujourd'hui de 71,547. Le personnel
enseignant laïque ou congréganiste se compose de
110,709 instituteurs des deux sexes, et le nombre
des enfants inscrits dans une école quelconque est
de 4,716,935. Aux États-Unis, avec l'éducation du
Peuple par le Peuple, pour une population à peu près
égale, 350.000 maîtres laïques des deux sexes en-
seignaient, en 1869, plus de 7 millions d'élèves dans
200.000 écoles absolument gratuites et laïques, sur-
veillées, administrées et dirigées, non par un Grand-
maître de l'Université aussi insuffisant que suffisant, mais par plus de 500,000 citoyens librement
et spécialement élus par le Peuple.

Pas plus que le corps législatif de la Nation libre,
le corps législatif de la Commune libre n'exécute ses
propres décisions. L'exercice du pouvoir exécutif
est confié à un maire directement élu par le Peuple,
et à un certain nombre de fonctionnaires également
nommés par le suffrage universel. Ces fonctionnaires sont à peu près les mêmes dans les grandes

et dans les petites Communes. L'organisation de la
police dans les villes populeuses mérite cependant
une mention spéciale. En 1869, à New-York, la police
était placée sous les ordres d'un « board of police
commissionners (1) » dont les membres étaient nommés par le maire avec l'assentiment du « board of
aldermen », c'est-à-dire de la Chambre haute municipale. Mais dans la plupart des autres grandes
villes, à Chicago (2), par exemple, les chefs de la
police, comme tous les autres fonctionnaires chargés de veiller à la défense de la souveraineté et de
la sécurité du Peuple, étaient nommés par le Peuple.

Une des conditions les plus essentielles du fonctionnement normal et régulier du système démocratique, c'est la séparation absolue de la police et de
l'État. La police entre les mains du gouvernement
peut être un instrument de domination passagère :
elle ne peut pas être pour la République une garantie
de durée et de conservation. Elle peut dans certains
cas exceptionnels intervenir efficacement pour don-

(1) Le Comité de la Police de la ville de New-York était composé
en 1869 de quatre commissaires, ayant sous leurs ordres 2,650 hommes.

(2) Le Comité des Commissaires de police de Chicago se composait
en 1869 de trois commissaires ayant sous leurs ordres un superintendant, un lieutenant et 250 hommes. La population de Chicago
était alors de 225,000 âmes (*le Self-Government et le Césarisme,* par
A. Édouard Portalis, 1869).

ner à la violation de la légalité l'apparence du droit, en mettant à son service l'appareil de l'ordre et de l'autorité. Mais elle n'a jamais empêché et jamais elle n'empêchera une révolution. Au lendemain du Quatre-Septembre, les agents de police comme les préfets, les juges et les gendarmes, obéissent à MM. Gambetta et Rochefort pacifiquement et justement insurgés, violateurs de la loi consacrée trois mois auparavant par huit millions de suffrages, comme la veille ils obéissaient à Napoléon III, autre insurgé devenu empereur par le parjure, la conspiration et la violence. Au Deux-Décembre, tandis que le clergé payé par le gouvernement entonne le *Te Deum,* faisant plus volontiers Dieu complice du crime que de la justice et de la liberté, Louis-Napoléon se sert des agents de police de la République pour arrêter les républicains, comme demain M. de Freycinet pourrra se servir des agents de M. le duc de Broglie pour expulser les Jésuites.

La police de l'État n'est pas non plus pour les citoyens qui ne sont pas au pouvoir une garantie d'ordre et de sécurité. Instinctivement elle met à saisir un journal ou à empêcher la plus pacifique et la plus légitime des manifestations plus de zèle qu'à prendre un assassin. Elle crée à la République l'embarras de l'affaire Hartmann, mais elle ne donne pas à la population parisienne la satisfaction de découvrir et d'arrêter les auteurs du meurtre de la rue Fontaine-Saint-Georges, du passage Saulnier et de tant d'autres crimes publics ou inconnus. A l'abri de son effrayante irresponsabilité, elle peut, sans honte et sans remords, déshonorer qui bon lui semble, par caprice, par sottise, par excès de zèle ou par ordre du gouvernement. On a vu la police de l'État traiter en fille perdue une jeune fille pudique. Une autre fois la même police portait contre un mandataire du Peuple une accusation infâme : elle le traînait devant les tribunaux qui le renvoyaient acquitté, mais non vengé, du plus révoltant des outrages.

Entre les mains d'un Conseil communal ou municipal, la police ne serait pas encore, nécessairement, par la fatalité de son origine, ce qu'il faut qu'elle soit. Un dictateur de ville ou de village pourrait aussi bien qu'un autre dictateur la détourner de son objet, la faire servir à empêcher les citoyens de manifester leur volonté, de s'assembler, de se réunir, à entraver le Peuple, à le gêner dans l'exercice de sa souveraineté. Pour que la police soit,—comme la loi, dont on a dit qu'elle était l'expression vivante, — la protectrice de la liberté de tous et de chacun, il faut qu'elle soit organisée, surveillée, punie ou récompensée par le Peuple au profit duquel elle est exclusivement établie. Il ne faut pas qu'elle relève des élus, quels qu'ils soient; il faut qu'elle relève des électeurs.

Les républicains de bonne foi qui veulent la Commune libre dans l'État libre comprennent-ils à présent qu'ils se trompent quand ils cherchent la Liberté dans l'établissement d'un pouvoir communal « concentrant entre ses mains tous les pouvoirs communaux, la force armée et la police municipale »?

Ils se trompent aussi, les socialistes qui, désillusionnés sur les résultats des révolutions nationales, se sont rabattus sur les révolutions communales. En vain ils crient aujourd'hui : Vive la Commune souveraine ! comme hier ils criaient : Vive la République! et comme on criait autrefois : Vive le Roi ! La souveraineté de la Commune, si elle pouvait passer du domaine des revendications chimériques dans celui des faits contingents, ne serait pas plus favorable à leurs projets que l'omnipotence des Parlements. Pas plus que le parlementarisme, le communalisme ne leur donnera le communisme ou le collectivisme. Ce n'est pas à dire que l'utopie d'aujourd'hui ne puisse devenir la réalité de demain. A

force de se transformer, la propriété finira peut-
être par disparaître, comme ont disparu tant d'inven-
tions humaines qui se prétendaient éternelles ; l'esclavage, par exemple, la féodalité, le servage, le
droit d'aînesse et la noblesse. Ce que les nobles ont
fait dans la nuit du 4 août, peut-être les propriétaires désabusés sur les avantages de leurs privilèges
le feront-ils un jour dans l'espoir de reconquérir
quelque bien plus moderne et plus précieux. Mais
si l'inégalité sociale vient à disparaître, c'est qu'elle
sera condamnée par la Liberté permettant les expériences et précédant la Science. Elle ne sera rayée
des institutions de ce monde ni par le décret d'un
César, ni par le vote d'une Assemblée nationale ou
communale.

La souveraineté de la Commune ne mettra pas
fin non plus à l'antagonisme du Travail et du Capital. Sans doute l'heure de la justice sonnera pour
le prolétaire, comme elle a sonné pour l'esclave et
pour le serf. Le seizième président de la République
démocratique des États-Unis, Abraham Lincoln, a
prédit qu'un jour le travail l'emporterait sur le capital. Ce jour viendra. L'usurpation de l'unique souveraineté légitime qui existe dans l'univers, de la
souveraineté du Peuple, par les rois ou par les Assemblées nationales ou communales, la confusion

des pouvoirs et le despotisme sont les seuls obstacles qui ont jusqu'ici retardé la solution de la question sociale. La prédiction de l'émancipateur des nègres s'accomplira ; mais elle s'accomplira par la Liberté, par la Liberté communale, par la Liberté régionale, par la Liberté nationale, enfin couronnée par la Liberté universelle.

Lorsque les travailleurs de toutes les Communes et de toutes les Nations seront libres de s'associer et de former de vastes corporations solidaires, le règne du Capital aura cessé : il aura fait place au règne du Travail. Quel que soit donc le but que poursuive la Démocratie, qu'elle ait en vue la réforme politique ou la réforme économique, l'affermissement de la République, la Liberté, l'Égalité ou la Fraternité, il est temps qu'elle abjure ses vieux préjugés et qu'elle modifie son orientation. La concentration des pouvoirs, c'est le passé, c'est le despotisme, c'est la monarchie, c'est la réaction. L'Avenir, la Liberté, le Progrès, c'est la diffusion toujours plus étendue de la Souveraineté nationale entre tous les êtres humains qui forment le corps social, et dont la nature comme la destinée est d'être libres ; c'est l'application toujours plus complète du programme démocratique ayant pour formule : le gouvernement du Peuple par le Peuple. La pre-

mière nation qui, en Europe, aura l'intelligence et
l'audace de poursuivre résolument, et, dans la mesure
des choses possibles, de réaliser cet idéal, servira,
n'en doutez pas, de modèle à toutes les autres nations. Lentement, peut-être, mais sûrement, les
peuples altérés de paix et de justice viendront les
uns après les autres se grouper autour d'elle pour
former sur notre vieux continent un nouveau Nou-
veau-Monde.

CONCLUSION

CONCLUSION

Il resterait beaucoup à dire sur le sujet de ce volume, deux Républiques : la République opportuniste et la République rationnelle, la République empirique et la République scientifique, la République normale et la République absurde, la République du passé et la République de l'avenir, la République de l'arbitraire et la République de la justice, la République d'autorité et la République de liberté, la République de coterie et la République de tous, la République possible et la République impossible, la République condamnée par l'expérience et la République consacrée par l'expérience, la République parlementaire, telle qu'elle existe en France depuis 1875, et la République démocratique, telle qu'elle existe aux États-Unis depuis 1787.

Entre autres questions, il y aurait à examiner d'après la méthode que avons suivie :

Quelle ligne de politique étrangère devrait adopter la République démocratique, et si cette politique ne devrait pas avoir pour règle une immuable neutralité ;

Si la République démocratique devrait continuer à entretenir auprès des rois des ambassadeurs et des ministres ;

Si dans une République démocratique, entourée de voisins puissants et jaloux, il conviendrait de supprimer les armées permanentes, comme M. Léon Gambetta et tous ses amis sans exception le demandaient en 1869, malgré l'unité de l'Allemagne et malgré l'unité de l'Italie, à la formation desquelles ils avaient bruyamment et inconsidérément applaudi, ou bien si, au contraire, les armées permanentes devraient être maintenues comme les mêmes hommes le déclarent aujourd'hui ;

Si dans ce dernier cas le mode d'organisation et de recrutement de l'armée permanente devrait rester dans la République démocratique ce qu'il est dans la République parlementaire ;

Si la République démocratique ne devrait pas rechercher activement les moyens équitables et pratiques de liquider les dettes anciennement contractées par des générations descendues au tombeau, et par des gouvernements usurpateurs qui ont succombé devant la réprobation publique ; — si, en même temps, et comme conséquence, la Répu-

blique démocratique ne devrait pas inaugurer un
ensemble de mesures économiques et financières
ayant pour objet le dégrèvement rapide des boissons, des aliments, des objets indispensables aux
besoins du Peuple, et la diminution progressive des
lourds impôts engendreurs de misère, d'oppression
et de luttes civiles.

Comme nous l'avons dit en commençant, notre
tâche s'est aujourd'hui bornée à l'indication de la
méthode par laquelle on peut arriver à résoudre
le problème politique et le problème social. Nous
avons voulu seulement dégager les principes généraux qui doivent servir de base à la science politique nouvelle. Nous avons montré que la République parlementaire pouvait être considérée à plus
d'un point de vue comme la continuation, sous une
autre forme, de la domination monarchique ; nous
avons dit, et nous croyons avoir prouvé, que dans le
système parlementaire, comme dans le système monarchique ·et impérial, le Peuple ne participait
réellement et directement, ni à l'établissement
de la Constitution, ni à la revision de la Constitution, ni à la confection des lois, ni à l'élection du Sénat, ni à l'élection du Président de la
République, ni à la distribution de la Justice, ni à
l'administration des Départements et des Commu-

nes, ni à l'enseignement, ni à la police. Aussi, dans ce système, est-ce justement, naturellement et nécessairement, que le Peuple, étranger au Gouvernement, rend le Gouvernement responsable des vices de la Constitution, de l'injustice des lois, de l'incapacité des députés, des résistances des sénateurs, des moindres gestes du pouvoir exécutif, de l'iniquité des décisions judiciaires, des prévarications des juges, de toutes les bévues d'une immense administration qui barre le chemin des citoyens chaque fois qu'ils veulent faire un pas dans la vie civile, politique, industrielle ou commerciale, enfin, de toutes les maladresses d'un personnel qui devient plus difficile à recruter, à mesure que les nouvelles couches, prédites par M. Gambetta, se succédant au pouvoir, la position de fonctionnaire devient moins stable. Le Peuple reproche au Gouvernement, dont rien, en théorie, ne borne la puissance, non-seulement les fautes du Gouvernement — et quel Gouvernement n'en commet pas? — mais ses propres erreurs, ses souffrances, ses malaises, ses inquiétudes fondées ou chimériques. Il se plaint, d'abord, humblement et pacifiquement, pendant les premières années du régime. Puis les ambitieux se mêlent de la partie. Dans tous les camps on exploite le mécontentement inévitable. Le conservateur

évincé du pouvoir, à son tour, devient démolis-
seur. Bientôt le Peuple encouragé élève le ton de
ses réclamations. Elles finissent par être insolentes
et tumultueuses. Attaqué, le Gouvernement se défend. Il a beau s'attribuer une mission providentielle, il n'en est pas moins d'essence humaine. On
veut lui prendre son bien : il résiste. Ainsi, dès le
début, par la fatalité de la mécanique politique, le
Peuple et le Gouvernement prennent position : le
Peuple en faveur du progrès, à défaut du progrès, en
faveur du changement, et le Gouvernement, quel
qu'il soit, pour le *statu quo,* pour l'immobilisme. Peu
à peu, sans mauvaise volonté réciproque, mais in-
failliblement, le Peuple devient révolutionnaire, et
— qu'il s'appelle la République opportuniste, la
République radicale, l'Empire ou la Commune, — le
Gouvernement devient réactionnaire. Le jour alors
ne tarde pas à venir où le Peuple, combattu par le
Gouvernement, reprend l'usage de ses droits souverains et, par application des principes inscrits dans
la Constitution républicaine de 1793, renverse le
Gouvernement.

Le système que nous proposons, le système que
la logique impose, le système démocratique, est le
système inverse.

En dehors de l'heure précise où, sous prétexte de

déléguer ses pouvoirs, il consomme par le vote
son abdication, le Peuple n'est rien. — Qu'il soit
tout ! — Mobilisez la puissance publique, comme,
dans le monde économique où la Liberté est relativement beaucoup plus grande que dans le monde
politique, on a mobilisé la fortune mobilière, et
comme on est en train de mobiliser la fortune immo-
bilière. Appelez le Peuple entier, grands et petits, à
prendre sa part des avantages et des risques du Gouvernement, comme des financiers habiles et pré-
voyants ont appelé les capitalistes, petits et gros,
les petits surtout, à participer aux chances de béné-
fice de la rente et des emprunts nationaux. Invitez
le Peuple à juger, à légiférer, à enseigner, à maintenir l'ordre, à gouverner. Abandonnez-lui les droits,
pouvoirs, privilèges et appointements qui sont aujourd'hui le monopole du Gouvernement, la propriété des fonctionnaires et la liste civile de la coterie qui l'emporte dans les élections. Dès lors tout
change. Le Peuple ne réclame plus, il résiste. Il
n'attaque plus, il se défend. La liberté de la presse,
la liberté de réunion, la liberté d'association, la
Garde nationale qui sont aujourd'hui des instruments
terribles de démolition, contre lesquels le Gouvernement est obligé de se prémunir, deviennent de précieux moyens de conservation que la société tout

entière est intéressée à protéger. Les journaux les
plus avancés se montrent les plus conservateurs des
droits du Peuple. Dans la République démocratique
des États-Unis, jamais les journaux populaires ne
contiennent une attaque contre le principe des
institutions. Des machines de guerre semblables
à certains de nos journaux révolutionnaires sont des
phénomènes ignorés. Le Gouvernement n'est plus
un ennemi que chacun songe à renverser et à dé-
pouiller; c'est le patrimoine commun des ouvriers
de Belleville et des seigneurs du faubourg Saint-
Germain. On injurie et on bouscule un insolent ar-
gousin, on respecte et on protège un modeste gar-
dien de la paix. Le péril social disparaît, et si, par
impossible, il venait à ressusciter, il n'habiterait
plus les hauteurs de Montmartre, mais le salon
lilas de l'Élysée ou le boudoir rose du Palais-
Bourbon.

Après des siècles de Monarchie, Voltaire disait :
« Voulez-vous avoir de bonnes lois, brûlez les
vôtres ! » Après un siècle de dictature impériale ou
parlementaire, c'est encore la seule chose à faire.
Voulez-vous mettre votre sécurité, votre travail, vos
loisirs, votre fortune, vos intérêts, votre foi, votre
religion, vos affections, votre amour, votre dignité,
votre honneur, à l'abri du danger des révolutions,

de l'arbitraire de la loi, et du caprice des majorités?
Voulez-vous fonder la Liberté et, par la Liberté, l'É-
galité et la Fraternité? Abjurez vos « vieilles idées
monarchiques ». Révoltez-vous contre l'autorité tra-
ditionnelle des rois, des empereurs et des parlements. Se révolter contre la tyrannie, quelle qu'elle
soit, c'est obéir à Dieu. *Rebellion to tyrans is obe-
dience to God*. C'était la devise des promoteurs de
la Liberté américaine, des fondateurs de la République des États-Unis. Que cette devise serve désormais à la Démocratie française de cri de ralliement!
Renions Rome et César. Affirmons le Peuple et la
Liberté. Inaugurons la seule forme politique compatible avec le principe de la souveraineté nationale.
Prenons modèle sur la République démocratique
des États-Unis. Replaçons sur sa base unique et nécessaire l'édifice politique et social. Brûlons les lois
restrictives de la souveraineté du Peuple, et par
conséquent de la Liberté. Elles sont un anachro-
nisme, une révolte de l'ancien régime contre le nouveau, une insurrection posthume de la Monarchie
contre la Démocratie, une usurpation de la Légalité
sur le Droit. Faisons des Constitutions et des lois
restrictives de la souveraineté des Assemblées et du
bon plaisir des fonctionnaires. Désarmons le gouvernement, armons le Peuple!

Là est la solution, là est la justice, là est la paix, là est le salut.

Un jour, à New-York, une poignée de républicains conçoit l'idée généreuse d'abolir l'esclavage. Bravement ils s'intitulent le « Parti national de la Liberté ». Aux prochaines élections présidentielles ils présentent un candidat qui, sur toute l'étendue de la République, réunit à grand peine 7,000 suffrages. Peu d'années après, ils ont la majorité dans la Chambre et dans le Sénat. Ils nomment le Président Abraham Lincoln. Ils abolissent l'esclavage. Depuis 1860 ils dirigent la politique américaine.

Combien sommes-nous en France de républicains partisans résolus de la Liberté? Après l'élection de M. Barodet, le 26 avril 1873, on a dit un moment que nous étions 180,000, à Paris seulement. Ne serions-nous que cent mille dans toute la France, ne serions-nous que cinquante mille, ou moins encore, l'intérêt de la République, le patriotisme et la raison nous obligent à prendre pour but constant de notre propagande et de nos votes la destruction de la tyrannie monarchique, césarienne et parlementaire, l'abolition de l'esclavage gouvernemental et légal. Au triomphe de la cause commune et supérieure de la République, n'hésitons jamais, quand il le faudra et comme nous l'avons fait tant

de fois, à sacrifier nos préférences. Pour battre
un légitimiste, un orléaniste et un impérialiste,
sachons joindre nos voix à celles des républicains
même opportunistes, même autoritaires, même
réactionnaires. Mais, toutes les fois que la légitimité de la République ne sera pas mise en question,
en face de la « vieille idée », affirmons l'idée nouvelle ; votons contre le candidat républicain de
l'Autorité pour le candidat républicain de la Liberté ;
à la République parlementaire, opposons la République démocratique.

FIN.

TABLE DES MATIÈRES

LIVRE III

LE POUVOIR EXÉCUTIF

LIVRE IV

LE POUVOIR JUDICIAIRE

LIVRE V

L'AUTONOMIE RÉGIONALE ET COMMUNALE

Paris. — Typ. G Chamerot, rue des Saints-Pères, 19. — 9319.